U0113652

中国古代大政治家的治国智慧

◎ 马平安 著

刘邦建汉
整合周秦与黄老治国

中国文史出版社

图书在版编目（CIP）数据

刘邦建汉 : 整合周秦与黄老治国 / 马平安著 . --
北京 : 中国文史出版社 , 2021.12
（中国古代大政治家的治国智慧）
ISBN 978–7–5205–3161–0

Ⅰ . ①刘… Ⅱ . ①马… Ⅲ . ①汉高祖（前 256– 前 195）—生平事迹 Ⅳ .
① K827=341

中国版本图书馆 CIP 数据核字 (2021) 第 181866 号

责任编辑：窦忠如

出版发行：中国文史出版社

社　　址：北京市海淀区西八里庄路 69 号院　　邮编：100142

电　　话：010–81136606　81136602　81136603（发行部）

传　　真：010–81136655

印　　装：廊坊市海涛印刷有限公司

经　　销：全国新华书店

开　　本：787×960　1/32

印　　张：5.75

字　　数：103 千字

版　　次：2022 年 9 月北京第 1 版

印　　次：2022 年 9 月第 1 次印刷

定　　价：34.00 元

作者简介

　　马平安，1964年生，河南卢氏人，历史学博士，中国社会科学院近代史研究所研究员、中国社会科学院大学教授。出版著作《晚清变局下的中央与地方关系》《近代东北移民研究》《北洋集团与晚清政局》《中国政治史大纲》《中国传统政治的基因》《中国近代政治得失》《走向大一统》《传统士人的家国天下》《黄帝文化与中华文明》《孔子之学与中国文化》等30余部，发表文章50余篇。

总　序　治理国家需要以史为鉴

世上任何事情的出现，都是一种因缘关系在起作用的结果。

这套即将问世的政治家与中国传统国家治理智慧的小丛书，即是本人对中国传统政治与文化多年学习与思考后水到渠成的一种自然的结果。

从宏观上来看，国家的治理是一项十分复杂的系统工程。但如果将这一复杂性和系统性作抽象的归类，其基本内容则主要只有两项，也就是《管子·版法解》中所说的"治之本二：一曰人，二曰事"。这其中，人才是关系国家兴衰的第一要素，所以《管子·牧民》篇又说："天下不患无臣，患无君以使之；天子不患无财，患无人以分之。"历史上，政治家对国家制度的探讨、官员的任用、民众的管理、财政的开发、外交的谋划、各种突发事件的应对及处理，等等，无不是对国家治理经验的丰富与积淀，而由这些内容所形成的政治文化，就成为中华民族文化中极其重要的组成部分。

中外古今大量历史经验表明，一个国家和民族的存在与发展，最根本的依赖是文化，以及由文化而产生出来的文化精神。民族的文化精神是一个国家和民族赖以生存和发展的支柱，是一个国家和民族的脊梁，代表着一个国家和民族的精气神。离开了文化和文化精神的支撑，该国家或民族的存在便无以为继。从周公到康熙皇帝，他们都是在中国乃至中华民族发展历史上作出了巨大贡献的杰出人物，他们缔造的政治制度、所展现的政治智慧，都成为中国文化精髓中的重要组成部分，对中华民族的传承与发展有着不可替代的支撑作用。

中国古人懂得总结历史经验教训的重要性，应该是从黄帝时代就开始了，但有明确文字记载的，则要从周人说起。

周人对历史经验的总结、回顾，从文王时代就已经有了明确的记载。《诗经·大雅·荡》篇引文王所说的"殷鉴不远，在夏后之世"，就是周文王针对殷纣王不借鉴也不重视夏后氏被商汤灭亡的教训所发出的叹惜。朱熹在其《诗集传》中说："殷鉴在夏，盖为文王叹纣之辞。然周鉴之在殷，亦可知矣。"文王一方面为殷纣王而叹惜，另一方面也以历史的经验教训作为周人的戒鉴。

殷商灭亡后，周武王、周公以及其他一些有为的周王和辅政大臣更是常常总结夏殷两代人的经验教训。这可以分成两个方面，一方面是对夏殷两代成功统治经验的总结以供学习、效法；另一方面是对夏殷两代执政者的罪过、错误和失败教训的总结以供戒惕。这种模式，可以说是开了中国人史鉴意识的先河。

　　周人思维的特征之一就是习惯以古观今，拿历史来借鉴、说明、指导现实以照亮未来前进的方向。周初统治者即是这种思维特征的代表人物。周公治理国家，不仅总结了夏殷两代失败的历史教训，而且还总结了夏殷先王成功的历史经验，并对这些经验予以高度的赞扬和汲取，从而开创了中国历史上的封建政治制度与建立了家国一体的文化意识。从《周易》《尚书》《诗经》《周礼》《仪礼》等若干先秦文献中，都可以看到周人具有的这种浓郁的史鉴意识。这种文化意识，深深地影响了中国人的文化与心理。

　　在现实生活中，我们在欣赏画作时，都知道每幅作品中藏着一个画魂，这个"魂魄"，往往代表了这幅画境界的高低与价值的大小。

　　以史观画，史学的作品，又何尝不是如此呢？

　　本丛书之"魂"，即是"传统国家治理的经验与教训"。这是一条古代政治家治理国家所汇集而成的波浪滔天、奔流不息的历史长河，在这条奔腾前行的河面上不时迸溅出交相辉映、绚丽夺目的朵朵浪花。

　　这也是一条关于中国古代治理智慧的珍珠玛瑙链，是对古代政治家治国理政智慧和务实政治原则的浓缩，是对古代统治者及关注政治与民生的政治思想家们勇猛精进所创造历史的经验教训的一种总结。

　　纵观中国古代治理史，夏、商、周三代，周公对国家的治理最具有代表性，他封邦建国，创建宗法制度、礼乐文化，以德治国，注重史鉴，对中国传统政治文化价值体系的形成和发展，有着独特的贡献。春秋时期，孔子对国家治理的思考与探索亦堪称典型。他把政治的实施过程看作是一个道德化的过程，十分强调执政者自己在政治实践中以身作则的表率作用，主张"礼治""德治""中庸"，十分强调统治者在治国理政中富民、使民、教民的重要性。战国时期，商鞅改革的成就史无前例。商鞅最重视国家的"公信力"，他主张用法治手段将国民全部集中于"农战"的轨道，"法""权""信"构成了他的治国三宝。在商鞅富国强兵政策的基础上，秦王嬴政实现了国家的统一。秦始皇所开创的中华帝制、郡县制，所拓展的疆域，进一步奠定了中华民族发展的基础。楚汉战争胜利后，刘邦建汉。作为一个务实且高瞻远瞩的政治家，他更具有史鉴意识，采用"拿来主义"，调和与扬弃周秦政治，他的伟大之处在于实行"秦果汉收"，兼采周公与秦始皇治国理政的长处，从而较好地解决了先秦中国政治遗产的继承和发展问题。汉武帝是继周公、孔子、秦始皇、汉高祖之后又一具有雄才大略的不世之主。他治国理政兼用王霸之道，在意识形态上采取文化专制主义，尊崇儒术，重视中央集权以及皇权的建设。三国两晋南北朝时期，因为分裂与战乱，这一时期鲜有在国家治理方面高水平的大政治家，其间尽管有曹操的挟天子以令诸侯、在北方开辟屯田；诸葛亮治理西蜀与西南地区，但皆无法与统一强大王朝的治理体系与能力相媲美。唐宋时代，唐太宗、宋太祖对国家的治理堪为后世示范。唐太宗的三省制衡机制、宋太祖对文官制度的重视与建设都很有特色。北宋后期有王安石变法，但这种努力以失败而告终，非但没有能够挽救北宋王朝，相反倒十足加剧了北宋的动荡与灭亡。明代中后期，统治者一直在寻找振兴之路，其中以张居正新政最具代表性。张居正治国理政所推行的考成法与一条鞭法，为后来治国者的治吏与增加财政收入提供了经验教训。清朝前期，康熙皇帝用理学治国，用各民族团结代替战国以来的"长城线"边防思维，今天中国五十六个民族、幅员辽阔的疆域领土、大国的自信，等等，都是那个时候奠定的。康乾盛世是中国古代五大盛世中成就最高的盛世，康熙皇帝治国理政的经验教训值得总结。

从历史上看，历代帝王圣贤皆重视治国理政、安民惠民，这是经济义理之学所以能成为中国传统文化核心特征的一大重要因素。

笔者以为，在追求学问之路上，大致可以分为四重境界来涵养：

第一重境界，专业之学。也可以称为职业之学，是人们讨生活、养家庭，生存于天地、社会间必具的一门专业学问。只要努力与坚持，人人可为，尽管会有程度高低不同。

第二重境界，为己之学。也可以说是兴趣之学、爱好之学、养基之学。对于这种学问，没有功利，不为虚名，只为爱好而为之。

第三重境界，立心之学。在尽可能走尽天下路、阅尽阁中书，充分汲取天地人文精华的基础上，立志尽己之能为人间留一点正能量的东西，哪怕是炳烛、萤火之光。

第四重境界，治国平天下之学。这种学问在实践上有诸多苛刻条件的限制，无职无位无权者很难走得更远；在理论上也需要有远大抱负、超凡脱俗之人来建树。做这种学问的目的，在于"为万世开太平"，为民族为国家之繁荣富强，为民众之安康福祉，生命不息，追求不已。

从格局上看，古人读书写作多非专职，由兴趣爱好适意为之，因为不是为了"衣食"，故以"为己"之学为多，其旨意亦多追求"立德立功立言"，在著作上讲究"经济义理考据辞章"。窃以为，古人眼中的"经济"，远不是今人所说的"经济"。"经"者，经邦治国；"济"者，济世安民也。经邦治国，济世安民才是古人心中的"经济"之学。"义理"是追求真理，为世人立心，替生民立命。"考据"重在材料在学术研究中的选择及运用。"辞章"则是重视文采的斑斓与华丽。对"经济""义理"的向往和追求是国人的动力，是第一位的。孔子曰："言而无文，行之不远。"此"文"说的就是"经济""义理"。"考据"需要勤奋、细心、谨慎、坚持就可以做到。"辞章"则往往与人的天赋与性格关系很大，千人千面，很多不是通过努力就能达到的。姚鼐在《述庵文钞·序》上说："余尝论学问之事，有三端焉，曰：义理也，考证也，文章也。"章学诚在《文史通义·说林》中说："义理存乎识，辞章存乎才，征实存乎学。"今天，如何学习与继承中国古人优良的著述传统，在生活实践中树立"修齐治平""家国天下""立德立功立言"三不朽意识，将"经济义理考据辞章"融会贯通，目前还有很多值得努力的地方。

从学术角度言，一部好的史学作品，离不开对史料的抉择与作者论述的到位。资料的充实、可靠，作品的立意高格、布局得体是形成一部好作品的必要条件，尤其是资料是否充实、可靠更是研究工作的基础。很明显，本丛书的立意布局都需要充实的资料来讲话。不幸的是，中国虽然是一个历史大国，然而扫去历史的尘埃，一旦进入相关领域认真搜寻探究，就会发现，史料的不足与缺乏成为制约史学作品完善与深入的瓶颈。从现有资料看，研究周公治国主要有《周易》《今古文尚书》《周礼》《仪礼》等；商鞅有《商君书》、出土的文物、《史记》等，孔子有五经、《论语》等；秦始皇有《史记》中的《秦始皇本纪》《秦本纪》，以及一些出土的秦简、文物等；汉高祖、汉武帝有《史记》《汉书》及汉人留下的一些著作；唐太宗有《贞观政要》《新唐书》《旧唐书》等；宋太祖有《宋史》《续资治通鉴长编》《续资治通鉴》等；王安石有《王安石全集》《宋史》《续资治通鉴长编》等；张居正有《张太岳集》《明史》《明实录》等；康熙皇帝有《康熙政要》《清史稿》《康熙起居注》《清实录》等，可作为参考。但说实话，这些资料仍然很不够，一句话，资料的缺乏与不足影响了本丛书认识与探索的空间，这也是美中不足、无何奈何的事情。

此外，史学作品要求一切根据资料讲话的特点，也决定了其风格只能是如绘画中的工笔或白描，而不能采用写意的手法，随意挥洒，这也影响了作品的表达形式。

本丛书是为人民大众服务的，首先，需要风格活泼、生动、有趣味，文字通俗、流畅、易懂、可读；其次，力求作品的学术性、严肃性与准确性。也许，只有在坚持学术性、严肃性与准确性的前提下，把学究式的文风变成人民大众喜闻乐见的文风，才能收到更广泛的社会效应。但我深知，很多地方还远远没有做到。"路漫漫其修远兮，吾将上下而求索。"大众学术一直是笔者努力的方向。

目前，中国正在进行伟大的变革，如何推进国家治理体系和治理能力现代化，这既是全面深化改革的热点，更是一个难点问题。在中国这样一个具有悠久历史和文化传统的国度里，我们必须遵循中华民族自身的发展规律，循序渐进地向前迈进。

习近平总书记指出："一个国家选择什么样的国家制度和国家治理体系，是由这个国家的历史文化、社会性质、经济发展水平决定的。"这提醒我们，中国的发展道路具有中国自身特色，实现中国国家治理现代化，离不开中国历史传承和文化传统，离不开中国经济社会发展水平，离不开中国人民自己的选择。

历史与文化是"民族的血脉，是人民的精神家园"，历史不能割断，实现中国国家治理现代化，需要中国"历史传承和文化传统"，源于"古"而成就于"今"，从中国古代的政治实践中汲取有益的营养，努力探寻传统文化的现代转化，为构建当今和谐社会提供借鉴，这是本丛书问世的目的所在。

希望这套小丛书能够多少帮助到对中国古代政治史感兴趣的人们！

作者 2020 年底于京城海淀

目　录

前　言　天然的领袖

　　刘邦是他那个时代一位具有决策型、引导型特质的、充满凝聚魅力的天然领袖。

　　"江山代有才人出，各领风骚数百年。"能够指点江山、引领时代的人，才称得上当之无愧的"天然领袖"。

　　秦末逐鹿，楚汉相争中，刘邦就是这样一位领导群雄创造历史的领袖人物，具体而言就是决策型领导。

　　决策型领导，或者说是拍板型领导，是团体存在与发展的核心与灵魂，对团体的发展方向、路线、格局、高度及其前景起有决定性的作用，因其地位与重要性，别人往往无法替代。汉帝国的创始人刘邦就是这种决策型领导者的典型代表。从他的身上，我们多少可以总结到决策型领导的一些特质及其事业成功背后的原因。

（一）目标远大

　　秦朝末年，有三位叱咤风云的人物：陈胜、项羽和刘邦。他们三个人出身背景和个人情况虽然相去甚远，但早年都胸怀大志，或者说是都有自己的伟大理想。

《史记》记载，陈胜原来给人做过佣工，有一次正在田间劳作，忽然心有所感，停下来与同伴相约："苟富贵，勿相忘！"同伴觉得彼此都是靠出苦力的农夫，能吃饱饭就不错了，还能有什么富贵可言！陈胜则英气勃发地说："王侯将相，宁有种乎？"同伴们还是不以为然。陈胜于是又感慨地仰天长叹："燕雀安知鸿鹄之志哉！"①出语的确不同凡响。刘邦只是沛县一个小小的亭长，社会地位不高，但基层岁月并没有能耗尽这位天生"大哥"在人生境界上不断超越的进取心。三人之中只有项羽是楚国贵族的后裔，血统比较高贵。刘邦和项羽在起事之前都曾见过秦始皇。刘邦当即表现出了羡慕的神情："大丈夫当如此也。"项羽则更是说得直截了当："彼可取而代也！"气概之雄，真是前无古人。事实上，他们三人利用秦末乱象的机会确实也都在不同程度上各自实现了自己的人生抱负。不过，走得最远者则属刘邦。

据司马迁说，刘邦为布衣时，曾在咸阳服徭役，恰逢秦始皇出游，见秦始皇仪仗车队前呼后拥，冠盖相连，甚是威风排场，遂生羡慕之情，"喟然太息曰：'嗟乎，大丈夫当如此也！'"②语虽委婉，胸心直露。一个从小地方来到大都城出苦力的布衣者，手头没有任何权力攀升资源，竟然敢触景

① 司马迁撰：《史记》卷48《陈涉世家》，中华书局1982年版，第1950页。
② 司马迁撰：《史记》卷8《高祖本纪》，第344页。

生情，生出如此逆天大愿，说出来还真要吓死一批人。"当如此"三个字，看似随便一说，其实此理想壮志恐怕早已经在这位贫贱亭长的心田中扎下了根。其位如此之卑，其志如此之高，这在刘邦的身上形成了极大的反差。不过，或许正是因为这极大反差，我们正好可以窥探出一点当时还是"小人物"的刘邦身上与生俱来的非凡与卓异。毕竟，大人物都是从小人物中走出来的。

美国前足联主席戴维克·杜根曾说过：

"你认为自己被打倒了，那么你就是被打倒了。你认为自己屹立不倒，那你就屹立不倒。你想胜利，又认为自己不能，那你就不会胜利。你认为你会失败，你就失败。因为，环顾这个世界的成功例子，我发现一切胜利，皆始于个人求胜的意志与信心。一切胜利皆唯于心。你认为自己比对手优越，你就是比他们优越。你认为自己比对手低劣，你就是比他们低劣。因此，你必须往好处想，你必须对自己有信心，才能获取胜利。生活中，强者不一定是胜利者；但是，胜利迟早属于有信心的人。"[①]

戴维克·杜根的这段话在一些人看来或许有点绝对，但就强调以一种什么样的态度来面对人生、面对挑战而言，无疑是值得肯定的。确实，对于人们而言，信念是迈向成功的开端。

---

① 王德宠、陈慧、车宏生等编著：《领导兵书》，北京邮电大学出版社2005年版，第138页。

拿破仑说："我成功，因为我志在成功。"此话信然。俗话说，好的开端是成功的一半。而自信与发展的动机则无疑是好的开端的一半。"天生我材必有用，千金散尽还复来。"只有相信自己，你才能鼓起巨大的拼搏勇气，你才能激发无限的探索潜能，你才敢于克服前进道路上所面临的一个又一个的困难，超越一个又一个起伏不定的外界环境，实现自我价值并最终获得成功。汉高祖刘邦在布衣时就敢于做"帝王梦"，敢于仰望星空，这是不平凡者的躁动，如果没有这一点自信与动力，他或许是走不到他人生最辉煌巅峰——大汉天子这一步的。

《史记·高祖本纪》记载，刘邦对于"王天下"十分在意。

秦末自陈胜揭竿而起，天下大乱，诸侯割据局面再现，秦二世三年，秦将章邯、王离攻赵，楚怀王以宋义为上将军，项羽为副将，向北救赵。因为宋义害怕秦军裹足不前，项羽杀了宋义，亲自率兵马在河北巨鹿与秦军主力破釜沉舟地进行了一场惊天动地的决战，而刘邦则直接西进入关。按照当时楚怀王之约，先至咸阳者封王关中。刘邦走了捷径，项羽向北救赵绕了个弯，所以刘邦幸运，最先到达咸阳灭亡了秦王朝。此后，项羽挟大军入关迫使刘邦交出秦国故地，项羽自封西楚霸王。刘邦被项羽封为汉王，入蜀。韩信先属项梁，项梁死后归属项羽，因得不到重用故逃离项羽归汉，还未来得及得封官，恰逢一事犯法连坐，共涉及十四人。已斩十三人，最后一个轮到韩信。韩信对监斩官夏侯婴说："汉王不想得天下了？为何要杀壮士！"夏侯婴看韩信长相、口气都不一般，就留下韩信，并报告了汉王。刘邦听后就放了韩信并封他为治粟都尉。实际上，刘邦之所以不杀韩信，并不是他觉得韩信有多大才能，而是他对"得天下"三个字极为敏感，韩信的话说到了他的心窝里，这才幸免一死。

韩信虽被封为治粟都尉，然而并不满足这一官职，认为自己并没有被重用，因此又逃离刘邦集团，于是萧何月下追韩信，把他追了回来。刘邦责备萧何说："逃跑那么多将士你不追，为什么偏要追一个韩信，让他走吧！"萧何说："王必欲长王汉中，无所事信，必欲争天下，非信无所与计事者。"汉王说："吾亦欲东耳，安能郁郁久居此乎？"①遂拜韩信为大将。

从上面事例中足可以看出，刘邦其志在天下。他的一言一语、一个事件、一个细节，甚至不经意间表现出的一种姿态，都无不流露出他有霸天下、位至尊的宏图远志，昭示出他个人的信心、决心与野心，而这恰恰正是决策型领导最珍贵的品质，是刘邦成就大事，领袖群伦的个性气质的基本特征。

（二）为人大度

依附强者以自存，如韩信那样梦想着封侯拜将，出人头地，并不是刘邦所追求的目标。但在一个以复辟六国为口号的战乱年代，刘邦没有王侯贵胄的高贵血统，冲锋陷阵不能与项羽、韩信比肩，定谋划策又不能比张良、范增，那么，他凭什么能够赢得各方利益集团的拥戴，从逐鹿的群雄中脱

---

① 司马迁撰：《史记》卷92《淮阴侯列传》，第2611页。

颖而出呢？司马迁道出了其中的奥秘，这就是：刘邦给自己
找到一个十分特别但却很有效的面具："宽大长者。"

　　刘邦实际上是与秦始皇同时代的人，只比秦始皇小三岁，
按照当时的年龄已经算是进入了老年人的行列，这是二十多
岁的青年项羽、韩信所无法具有的岁月沧桑优势，且刘邦为人
历来"大度""能施"，给人留下的印象确实是有长者之风。
因此当楚怀王要从项羽和刘邦两人中选择一位带兵西进入关
时，诸老将说："项羽为人僄悍滑贼……不如更遣长者扶义而
西，告谕秦父兄。秦父兄苦其主久矣，今诚得长者往，毋侵
暴，宜可下。今项羽僄悍，今不可遣。独沛公素宽大长者，
可遣。"① 刘邦之所以能被称为"宽大长者"，除了他性格中
天生俱来的"豁如"和"大度"，应该就是他悟出的生存之
道了。战乱年代，安全感十分珍稀，即使在楚国内部，面对
着项羽的僄悍滑贼、目无他人、暴殄人命，楚怀王和"诸老
将"能从刘邦的"大度"中感受到安全感，这就是"宽大长
者"的真正含义吧。②

　　《史记·高祖本纪》说：高祖"仁而爱人，喜施，意豁
如也。常有大度"③。秦末天下大乱，群雄并起。项羽上弑怀

---

　　① 司马迁撰：《史记》卷8《高祖本纪》，第356—357页。
　　② 参见过常宝：《被面具所遮掩和辉映的人生——〈史记〉人物形象之刘邦》，
《文史知识》编辑部编：《名家讲〈史记〉》，中华书局2016年版，第165页。
　　③ 司马迁撰：《史记》卷8《高祖本纪》，第342页。

王、下杀无辜，城破之时不留遗类，坑杀士卒，残暴无比；刘邦先于其他反秦大军至咸阳，秦王子婴素车白马，系颈以组降服。众人想杀掉他，刘邦不肯，纳降后又招关中父老约法三章以抚百姓，这充分显示出了刘邦作为决策型领导所给人的"安全感"的一面。刘邦初为亭长，当差押送劳工，因雨误期，于大泽中将众人释放，自己却无法回去交差，把风险留给了自己，把方便让给了乡亲；楚汉战争中，楚怀王被杀，刘邦以原来天下共立的缘故，昭告天下，素衣发丧，号令天下共击凶手霸王项羽，不能算不义；刘邦虽为人不拘小节，然却能做到大礼不失。韩信初归汉，未显其能，然而刘邦能采纳萧何的建议，让其将兵，并择良日斋戒设坛行拜将大礼；义帝死，刘邦袒胸大哭，为义帝发丧，祭奠三日；就连项羽自刎乌江边后，刘邦也前去祭吊，"泣之而去"。项羽死后"诸项氏枝属，汉王皆不诛"。刘邦身上的这种为人"大度""豁如"的秉性，大概就是他能够广揽英雄、挫败群豪最终统一天下的一个重要魅力所在吧！

（三）知人善任

刘邦在用人、驭人方面颇为自信，而且以此视为他能得天下的根本原因。

《史记·高祖本纪》记载，天下初定后，刘邦问王陵等人，项羽失天下、自己得天下的原因，王陵等人说："陛下使人攻城略地，所降下者因以予之，与天下同利也。项羽妒贤嫉能，有功者害之，贤者疑之，战胜而不予人功，得地而不予人利，此所以失天下也。"高祖曰："公知其一，未知其二。夫运筹策帷帐之中，决胜于千里之外，吾不如子房。镇国家，抚百姓，给馈饷，不绝粮道，吾不如萧何；连百万之军，战必胜，攻必取，吾不如韩信。此三者，皆人杰也，吾能用之，此吾所以取天下也。项羽有一范增而不能用，此其所以为吾擒也。"①

事实也的确如此。刘邦能用人、善用人，天下豪杰乐为其用，这是他的大智慧。淮阴侯韩信有才、有能，更有傲气，刘邦曾与韩信论及诸将才能。刘邦问："我能带多少兵？"韩信回答说："陛下不过能将十万。"刘邦又问："那么你能带多少？"韩信说："臣多多而益善耳。"刘邦笑着说："多多益善，何为我擒？"信曰："陛下不能将兵，而善将将，此乃信之所以为陛下擒也。"②这一段风趣而又滑稽的君臣对话，一方面流露出刘邦对自己用人、驭人智慧的自信与自豪，同时也反映出像韩信这种不与樊哙、周勃为伍的狂傲之徒却对刘邦倾心臣服的历史真相。

确实，刘邦用人，不拘一格。

上至王公贵族，如张良之流；下至班差小吏，如萧何、曹参之辈；隐士、游侠者，如季布、郦生；市井末流、游手好闲者，如陈平、韩信；前朝旧臣，如章邯、叔孙通；诸侯

---

① 司马迁撰：《史记》卷8《高祖本纪》，第381页。
② 司马迁撰：《史记》卷92《淮阴侯列传》，第2628页。

叛将，如彭越、英布等。不论出身，不论卑贱，不计前嫌，只要能为刘邦定天下出力者，来者不拒，留者善用，形成了一个足以争霸天下的庞大的刘氏实力集团。在这些人中，有的终生追随刘邦，为刘氏争夺天下、治国安邦立下了汗马功劳，成为奠定汉家基业的功臣元勋，如萧何、张良、陈平、曹参、周勃、叔孙通等；也有中途叛逆，被刘氏淘汰者，但他们也在一定历史时期为刘邦的帝王大业输入了一定的正能量，如韩信、英布、彭越等人。

刘邦用人，用人不疑。

刘邦入关中称王四年，这四年中，多是领兵在外打仗，关中一应诸事全部托付萧何。正是在刘邦充分信任与大力放权下，萧何才得以施展才华，镇国家，抚百姓，保障前线军队供给与兵源上的源源不断。

韩信由楚投汉，刘邦对他的才能并不了解，一旦他最信任的萧何向他举荐韩信，他便毫不犹豫设坛拜将，将带兵大权交与这位初识之人，表现出刘邦用人不疑的良好品行。后来，韩信攻城略地，斩将搴旗，垓下一战，彻底消灭项氏集团，为刘邦平定天下扫除了最大的障碍。

陈平，乡里游手好闲之辈，人说其盗嫂，品质也有问题。先从魏王豹，又投项羽，项羽不能用，又从刘邦。刘邦力排众议，封陈平为都尉，使之参乘，这使陈平极为感动。此后陈平多次献奇计，为刘邦打天下、安天下不遗余力，作用甚巨。

刘邦用人，知人善任。

　　刘邦善于观察总结臣属的基本品质，如能力、素养，尤其是忠诚程度。对于每个人的优缺点都能够做到了如指掌，用其长，避其短，这在其临终之时与吕后的一席对话中就可窥见一斑。"吕后问：'陛下百岁后，萧相国即死，令谁代之？'上曰：'曹参可。'问其次，上曰：'王陵可。然陵少戆，陈平可以助之。陈平智有余，然难以独任。周勃厚重少文，然安刘氏者，必勃也，可令为太尉。'吕后复问其次，上曰：'此后亦非而所知也。'"①从这段对话，可以看出刘邦对诸大臣的性格、才能、资历等掌握得十分清楚。推荐曹参，不仅在资历，更是因为曹参为人稳重踏实，文武双全。曹参是武将，资历深，曾在定天下后论功排次时，与萧何不相上下；同时，曹参也通达政治治理，在齐国相国位置上能以黄老之术治理政事，足以镇抚天下。王陵才能可胜任丞相，但王陵的缺点是戆，不会变通，不灵活，陈平辅之，可称万全。这个判断后来在是否封吕氏为王问题上得到充分验证。高祖十二年春三月，为保刘氏江山永固，特别警惕吕氏弄权。刘邦在太庙与群臣杀白马盟誓，包括吕后，非刘氏不得封王，非有功不得封侯，如违此约，天下共击之。《史记·吕太后本纪》载："太后称制，议欲立诸吕为王，问右丞相王陵。王陵曰：'高帝刑白马曰非刘氏而王，天下共击之。今王吕氏，非约也。'太后不悦。问左丞相陈平、绛侯周勃。勃等对曰：'高

---

　　① 司马迁撰：《史记》卷8《高祖本纪》，第392页。

帝定天下，王子弟，今太后称制，王昆弟诸吕，无所不可。'
太后喜，罢朝。王陵让陈平、周勃曰：'始与高帝啑血盟，诸
君不在邪？今高帝崩，太后女主，欲王吕氏，诸君从阿意背
约，何面目见高帝地下？'陈平、绛侯曰：'于今面折廷争，
臣不如君，夫全社稷定刘氏之后，君亦不如臣。'王陵无以应
之。"① 由此可见刘邦识人之准确深刻。周勃厚道果断，但文
化程度不高，可为太尉管军事，并可安刘氏，这些预言在以
后西汉统治者高层政治斗争中都得到了验证。

（四）从善如流

司马迁写《高祖本纪》，用了一万两千多字的较长篇幅记
述了汉高祖刘邦那叱咤风云，荡灭群雄，起于布衣，终于至
尊的传奇一生。阅读《史记·高祖本纪》，除了感受到汉高祖
的宏图大志、性格恢宏外，印象最深的就是他善于接纳别人
的意见了。

据有人粗略统计，仅在《史记·高祖本纪》中就记载有
20 次纳谏。②

而阅读《史记》中的其他篇章，如描写汉初将相的《世
家》及《列传》，多有与刘邦建言献策的场面，我们看到刘邦
表态用得最多的一个字就是"善"。《史记·高祖本纪》中每

---

① 司马迁撰：《史记》卷9《吕太后本纪》，第400页。
② 参见窦玉玺著：《读〈史记〉说智慧》，中国社会科学出版社2016年版，
第22页。

五百字就有谋士献策、刘邦纳谏的片段。在西汉初年历史的其他传记中，刘邦语"善"字者比比皆是。刘邦善于吸纳接受别人的正确建议，从善如流，不论贵贱、尊卑，只要是有利于夺天下、治天下的话他都听，上至文臣武将、智囊谋士，下至布衣百姓、内侍家奴，他都一以视之，这种高山不厌尘埃、大海不择细流的胸怀，能够领会谏议者意见的高超能力，对他定国安邦起到了决定性作用。如张良是刘邦的智囊谋士，运筹帷幄，决胜千里，刘邦言听计从。查《史记》中凡张良为刘邦谋划一生，唯有一次不听，那就是刘邦晚年易太子之事。刘邦嫌孝惠不似自己性格，又加上宠爱戚姬，一直想废孝惠立赵隐王如意，张良进谏，不听。因为这是家事，同时掺杂着刘邦当时浓厚的个人感情因素，刘邦在这个问题上表现得非常固执，刘邦不听，张良也不便苦谏，这样的情况，《史记》记载的只有一次。然而，太子依张良计策，安排四隐士东园公、甪里先生、绮里季、夏黄公与太子孝惠一起饮酒，刘邦见后大惊，遂认为太子羽翼已成、有威望于天下，最终还是不敢再提易太子事。再比如与儒生郦食其第一次相见。刘邦对这位无名之士初不抱希望，一面洗脚，一面接见，何其无礼。等到郦生说，足下如欲想诛灭暴秦，怎么能对贤士这样无礼？于是刘邦赶忙穿上衣服道歉，并请郦生上座，何等尴尬！但就因为最终刘邦不怕丢这个面子，郦生才献奇计袭陈留，刘邦采纳其建议，遂得大批军粮。再比如萧何荐韩信，刘邦就很恼火，然而，一旦萧何说出争天下必需此人时，刘邦就以大礼拜将。又如刘、项鸿沟划界后，汉军疲敝已极，刘邦欲罢兵休息，而张良等出主意，这正是消灭项羽的大好机会，于是刘邦则又不顾疲劳率兵东进，结果形成垓下决战的战略态势。

有这么一个故事：公元前 203 年韩信在齐地歼灭了龙且大军之后，派人到荥阳前线请求刘邦封他为假齐王（即代理齐王），当时刘邦正在同项羽艰苦作战，处境十分困难。看了韩信的信使向他递交的书信，刘邦大怒，说："我困顿在荥阳前线，日夜盼望你韩信前来帮助我，你却要自立为王！"张良、陈平一听这话，都急忙踩刘邦的脚，向刘邦耳语道："现在我们这里有困难，能禁止韩信自立为王吗？不如索性立他为王，以免发生变故。"刘邦立刻觉悟，马上改口骂道："大丈夫平定诸侯，即可为真王，为什么要当假王呢？"于是派张良亲自前去立韩信为齐王，并征调他的军队来前线助战。其实，当时韩信实力骤增，已经形成为除刘邦、项羽外的第三种势力，偏袒项则项胜，偏袒刘则刘胜，要不是刘邦能认真听取张良、陈平的意见以抑制自己的冲动，他就要犯下影响大局的严重错误。刘邦打天下，正是关键的几步处都是采纳了萧何、张良、陈平等人的正确建议，才最终得以以弱胜强，由小到大，直至称帝天下。由此，我们领略到决策型领导具有虚怀大度、海纳百川的胸襟是多么重要。

汉帝国建立后，在巩固政权的斗争中，刘邦也同样保持了从善如流的品质。如汉初陆贾以《诗》《书》劝说刘邦就是典型一例：

陆生时时前说称《诗》、《书》。高帝骂之曰："乃公居马上而得之，安事《诗》、《书》！"陆生曰："居马上得之，宁可以马上治之乎？且汤、武逆取而以顺守之，文武并用，长久之术也。昔者吴王夫差、智伯，极武而亡；秦任刑法不变，卒灭赵氏。向使秦已并天下，行仁义，法先圣，陛下安得而有之？"高帝不怿而有惭色，乃谓陆生曰："试为我著秦所以失天下，吾所以得之者何，及古成败之国。"陆生乃粗述存亡之征，凡著十二篇。每奏一篇，高帝未尝不称善，左右呼万岁，号其书曰《新语》①。

（五）喜施不吝

司马迁在《史记·高祖本纪》中说汉高祖刘邦"喜施"、不吝啬，这也是刘邦能够团结属下最终奠基汉帝国基业的原因之一。

一般而言，凡领袖者大多具备远大目标、知人善任的素质，但很多领导者却未必能常据"大度""喜施"的能力。秦末三雄中，陈胜、项羽、刘邦都有出人头地的雄心壮志，但陈胜、项羽却缺乏刘邦那样的"大度""喜施"。陈胜连发小故友的逆耳之言都不能容忍，项羽虽然爱护部下，但在攻城略地后却不肯将实惠与众将士公分。刘邦起身草莽，对人心喜恶有准确把握，更兼他有天下之志，故能常在胜利后立即

---

① 司马迁撰：《史记》卷97《郦生陆贾列传》，第3699页。

按功行赏，满足人们的名利欲望，这是领导者成事的最大的要诀。当刘邦做皇帝后与众大臣总结成功原因时，高起、王陵对曰："陛下慢而侮人，项羽仁而爱人。然陛下使人攻城略地，所降下者因以予之，与天下同利也。项羽妒贤嫉能，有功者害之，贤者疑之，战胜而不予人功，得地而不予人利，此所以失天下也。"①这样的观点确实具有一定的道理。

（六）拿来手段

大秦帝国对中国政治的最大影响，莫过于它创立了一套以大一统为标志的中央集权君主政治模式。这套政治模式包括政治观念、政治制度、法制体系以及与之配套而成的社会经济、文化体系。大秦帝国虽然因秦二世施政不当而短命夭亡，但秦始皇创建的"秦制"却仍然有着强大的生命力。刘邦君臣正是充分认识到了这一点，故他们能够不盲目自大、老老实实地去汉承秦制，而没有自作聪明地像秦始皇那样去另开炉灶，去创建新朝"新制度"。

（七）灵活变通

刘邦治国，不拘泥古人，不拘泥成法，而是实事求是，时刻注意与时俱进，注重政策的变通性与可行性。过去学界一谈到汉初国家治理，就多拿黄老思想说事。其实刘邦治国是儒法道兼采并用，以法治国、以德治国、以道治国，他都

---

① 司马迁撰：《史记》卷8《高祖本纪》，第381页。

进行了实践，都有过尝试与调整，很难说单取黄老清静无为之道，刘邦治理国家的立足点在于有为，并非无为。

总之，刘邦之成功，绝非偶然，与他天才式的领袖素质具有很大的关系。他明于识人，任人唯贤，善于扬其长而避其短；他待人以诚，用人以专，不求全责备于人而自己又能虚心纳谏；他善用赏罚，不惜爵位、官职、土地与金钱，乐于同部下共富贵。唯其如此，在秦末崛起的众多称孤道寡的命世之杰中，只有刘邦对当时的文武之士产生了磁石般的巨大吸引力，形成了一个各类人才齐备、文武搭配得当、上下配合默契、富于积极进取精神的领导集团，从而保证了打天下与安天下的顺利成功。

最后，让我们再来回顾一下秦末汉初那些急速旋转的几个关键的历史镜头吧！那个在咸阳街头对秦始皇的宏伟仪仗直吐"涎水"的布衣者，那个在"鸿门宴"上向项羽赔罪道谢、后来又吓得离席而逃的"胆小鬼"，那个在彭城之战中连儿女都不要了的慌不择路的"逃命者"，那个在广武阵上向烹煮他父亲的敌手要求分一杯羹的"无赖者"，曾几何时，他竟然成为这一场历史性大决战中的最后胜利者，登上了皇帝的宝座，开创了大汉帝国，实现了秦果汉收；而那个在反秦的战场上破釜沉舟、九战九胜、叱咤风云、横行天下的上将军，那个"将五诸侯，灭秦，分裂天下"①的西楚霸王，却竟

① 司马迁撰：《史记》卷7《项羽本纪》，第338页。

然在这场战争中失败了，最后落个四面楚歌、乌江自刎的下场。这一场恶作剧似的历史变故，其根据是什么呢？答案就是：陈胜、项羽非政治家，刘邦则是一位高明的政治家。沧海横流方显英雄本色。在领导者的残酷淘汰赛中，只有刘邦那样的领袖，才能最终在拼杀中胜出。

第一章　汉承秦制　凤凰涅槃

秦制是在周制的基础上脱胎发展而来的，它源于战国时代天下统一的需要。秦制是通过用"郡县制"替代"分封制"，用"官僚俸禄制"替代"贵族世袭制"，用"书同文、车同轨""以吏为师"的中央集权终结诸侯割据而建构起来的一套更加适合中国传统政治需要的国家管理模式。大秦帝国对中国政治的最大贡献，莫过于它创立了一套以大一统为标志的统一国家的中央集权君主专制制度。这套政治模式包括政治观念、政治制度、法制体系以及与之配套而成的社会经济体系和根深蒂固的帝王观念及其思想文化价值。正因为秦制的生命力及其合理性，汉帝国建立后，在政权建设上，刘邦君臣毫不犹豫地全面承袭了秦帝国的国家制度。汉承秦制具有系统性，大到政治制度、治国模式、疆域区划，小到许多具体的习俗、礼仪、文字、度量衡等，基本上都是采取拿来主义。继汉之后，魏晋又承继汉制，以后，隋唐宋元明清各代一脉相承，秦制历经两千多年而香火不断。

一、秦制之优越

公元前 206 年，经过 3 年多的反秦战争，大秦帝国这座当时举世最宏伟的政权大厦，在陈胜、吴广、刘邦、项羽等为首的六国故地民众的一致讨伐声中，轰然坍塌。又经过四年的楚汉战争，公元前 202 年，刘邦经过垓下一战最终夺鹿在手。在天下战乱渐归结束的情况下，刘邦决定登基称帝。《史记·高祖本纪》说："正月，诸侯及将相相与共请尊汉王为皇帝。"[①] 甲午日，刘邦在定陶汜水北面登临皇帝之位，大汉帝国从此诞生。

尽管刘邦是推翻了秦始皇的帝国而建汉称帝的，尽管汉代的史书、官牍把秦帝国描绘得一片黑暗，但是，舆论导向是一回事，实际政治操作则是另外一回事。汉帝国建立后，在政权建设上，刘邦君臣毫不犹豫地采取"拿来主义"，几乎全部承袭了秦帝国所创造的各种治理国家制度。

秦制是在周制的基础上脱胎而来的。秦制源于战国时代天下统一的需要。

从总结历史经验教训的角度来看，大秦帝国对中国政治的最大贡献，莫过于它创立了一套以大一统为标志的统一国家的中央集权君主专制制度模式。这套政治模式包括政治观

---

① 司马迁撰：《史记》卷 8《高祖本纪》，第 379 页。

念、政治制度、法制体系以及与之配套而成的社会经济体系以及根深蒂固的帝王观念与思想文化体系。

中国早期的历史发展表明，最迟至战国时期，以万邦共主为机制的大一统已经开始向以君主集权制度为机制的大一统模式演进。春秋时代，大国诸侯还在鼓吹尊王攘夷。但到战国时代，各国诸侯，都将寻求天下统一、重建大一统格局作为其最基本的政治理想。秦制正是当时中国政治要求向更高阶段发展的产物。

第一，大秦帝国建立者的知识水平和理论水平明显高于秦末起事于草莽布衣的汉帝国的创建者们。

秦始皇君臣大都出身于贵族功臣世家，长期受高端文化熏陶；李斯虽然出身贫贱，但早年从学于大学问家荀子，不但深谙历史与政治，其文采书法也均达当世一流的水平。相比之下，刘邦君臣除张良外基本上都是出身于基层或草莽，其知识水平和理论水平明显要低于秦帝国的缔造者。

第二，秦始皇创建的政治制度和治国模式具有开辟性的特点及其优势。

秦制是通过用"郡县制"替代"分封制"，用"官僚俸禄制"替代"贵族世袭制"，用"书同文、车同轨""以吏为师"式的中央集权制终结诸侯割据而建构起来的一套更加适合中国国情的政治管理模式。

秦帝国建立的皇帝制度及其与之相配套的从中央到地方的官僚制度有着强大的生命力。它所创立的以大一统为特征的中央集权君主专制制度,相较于夏商周政治而言,明显具有很强大的优越性。(1)皇帝制度奠定了东方国家君主集权政治的基础。皇帝高高在上,代表政府决策,一言九鼎,神圣不可侵犯。(2)用官僚制度代替贵族世袭制度,明显具有历史的进步性。(3)用郡县制代替分封制,更加有利于国家的统一与民族的融合与发展。(4)以法治国与思想统一也明显比周王朝的以德治国与百家争鸣更加有利于统治秩序的稳定。

总之,秦帝国创建的一系列新制度都是历史进步的产物,继秦而起的任何新王朝都不可能再在一个如此短的时间内从容创造出比之更加完备和更加成熟的制度与法规。大秦帝国虽然因统治者施政不当、皇权微弱、权臣祸国而短命夭亡,但其创建的政体与制度却无疑有着强大的生命力,它不仅没有随着秦帝国的消亡而消亡,而且以新的形式继续决定与影响着继秦而后的任何新王朝的政治运作与国家发展。

二、秦果汉收

云梦秦简提供的资料表明,许多原来以为是汉帝国创建的制度及其有关称谓,原来都是由前朝秦帝国那里传承下来的。"汉承秦制",确凿无疑。

1. 汉帝国全盘接受了秦始皇创造的皇帝尊号及其相应的一整套皇帝制度与帝王观念

皇帝制度与帝王观念是大秦帝国统治模式的基础框架和核心内容。只要这个基础框架与核心内容不改变，新王朝的一切损益、更始、变制，就都不具有变革统治模式的实际意义。换句话说，只要汉帝国的创始人继续实行帝制，汉代的政治制度与治国模式就不会与秦王朝差异太大。

2. 汉帝国承袭了秦帝国的中央集权制度

汉代基本上沿用了秦朝的职官制度。东汉史学家班固说："汉迪于秦，有革有因，觚举僚职，并列其人。"[①]事实也大致如此，秦帝国确立中央集权制度，皇权至高无上，全国的政治、经济、军事、立法、司法、监察等各种权力皆决于皇帝之手，从中央政府的丞相、太尉、御史大夫一直到地方上的郡守、县令及各种军事长官，其任免权最终握在皇帝的手中，或由皇帝直接任免，或由皇帝授权上级官员任免。汉帝国建立后，基本上沿用了秦帝国的这一套政治体制，只是在中央政府管理核心的三公设置上，略有变动。

秦统一六国后，秦始皇建立了一套以丞相为核心的文官体制。丞相王绾主管全国政务，御史大夫冯劫司职监察百官、廷尉李斯负责法律事务。三公均为文职官吏，各司其职帮助

---

① 班固著：《汉书》卷100《叙传下》，中华书局1962年版，第4241页。

皇帝管理国家。而为秦始皇统一六国功勋卓著的将军们，如王翦、王贲、王离、蒙恬等，虽皆封侯，但似乎并不参与国家的行政管理。除蒙恬将兵30万北逐匈奴、修筑长城外，其他武将似只授爵位与重赏，并不给予实际职权。秦帝国这种以文制武的制度文化对后世政治影响很大。

汉代承袭秦代官制，其主要职官是丞相、太尉、御史大夫。丞相是百官之长，其职责是协助皇帝处理全国政务。太尉，负责管理军事。御史大夫，辅佐丞相，司职监察百官。汉代与秦代不同的是，太尉取代了廷尉。秦的廷尉位居御史之后，位列第三；而汉的太尉晋升为第二，而主管法律的廷尉不在三公之列。从这一改变可以看出，汉代法制地位下降，军人地位上升。这似乎表明，秦帝国较之汉帝国，更具有理想主义色彩。也许在秦始皇看来，一旦消灭六国，"收天下兵，聚之咸阳"，天下则从此太平，不会再有战争，剩下的就是依法治国、长治久安的事情了。所以，秦帝国的中央集权最高层，没有将军介入。汉高祖刘邦则亲历了秦末的战乱之苦，其政权便是在群雄混战中靠武力争得的，因此，汉家天下似乎更重视军事方面的建设。程步在《真秦始皇——仁定四海》一书中认为："如果说汉承秦制，略有所改，其最大的变化就是这点，这一点改动在刚刚建立封建帝国的初期，不为人们在意，也许反而更适合那个时代的客观实际，但所谓差之毫厘，失之千里。这一改动，也许就从此阻绝了中央集权制的国家流向法制那条腿的血脉，从此，这个巨人就总是一条腿在向前迈进，走不快，还不时总会摔倒。"此论可谓入木三分。

经过汉代的继承发展，中央集权的三公九卿制度更加严密与完善。汉魏以来，中央机构和国家官制虽然不断在改革与完善，但其基本框架与思路则没有超出秦始皇的政治设计与政治智慧。中国传统政治的发展趋势是：中央政府的权力总是在不断地加强和集中，皇权更加强化，明清两代较之秦帝国更加专制。

3. 汉帝国承袭了秦帝国的郡县制度

郡县制是维护中央集权的基本行政区划制度。

汉初，基本上沿用了秦帝国的行政区划。

秦始皇统一中国后，在全国范围内普遍推行郡县制。《史记·秦始皇本纪》中说，当时，"分天下以为三十六郡。郡置守、尉、监"①。后又在今河套地区建九原郡，在两广地区设南海、桂林、象郡三郡，共四十郡，郡下设县。《汉书·百官公卿表》中记载：郡守是沿袭秦代的官职，他的职责是掌管一个郡的事务。俸禄是两千石。县的最高行政长官是县令、县长。县令和县长都是沿袭秦代的官职，其职责是掌管一个县的事务。人口在万户以上的称县令，俸禄一千石至六百石不等。万户以下的称县长，俸禄是五百石至三百石不等。汉

---

① 司马迁撰：《史记》卷6《秦始皇本纪》，第239页。

代的县大约方圆百里，民众人口多，则地减；人口少，则地增。乡和亭的设置也是如此。这都是沿袭秦代的制度。

4. 汉帝国继承发展了秦帝国的官吏选任制度

秦国官吏的选任通常主要有荐举与征召两种方式。

所谓荐举，主要是中央与各郡长官定期或不定期地向国君推荐人才，严格推行荐举人与被荐举人的问责到底制度。

所谓征召，即是对全国特别有名望的人才，由皇帝派专人去聘任。《汉书·叔孙通传》中说，叔孙通"秦时以文学征，待诏博士"。秦二世时，"拜为博士"[1]。

秦始皇统一六国后，除了继续使用上述两种方法外，特别注重通晓法律和绝对服从皇帝意志的人才。

汉初，统治者完全沿袭了秦帝国的人才选拔方式。刘邦曾于汉高祖十一年（公元前196年）下诏："贤士大夫，有肯从我游者，吾能尊显之。"[2] 文帝时，下诏举贤良方正。武帝以后，又有秀才、孝廉之选。但是，由于西汉至武帝时儒家思想开始成为统治阶级的重要的意识形态，选官制度因为受儒家思想的影响而缺乏像秦帝国时期那样的法制化，任人唯亲、任人唯私的现象开始抬头，其用人结果如何，不再像秦王朝那样要严格受到法律的追究与问责。

---

[1]　班固著：《汉书》卷43《郦陆朱刘叔孙传》，第2124页。

[2]　班固著：《汉书》卷1《高帝纪》，第71页。

5. 汉帝国沿袭了秦帝国的监察制度

秦帝国建立了中央监察机关——御史府，亦称御史大夫府、御史大夫寺。御史府的主管是御史大夫，其职位相当于副丞相，具有皇帝秘书性质，并有监察百官之责。秦始皇时代，御史大夫还拥有司法审判之权。

秦御史府中还设有御史中丞，直接辅助御史大夫监察百官。

秦统一后，在郡一级普遍设置了监郡御史，监郡御史隶属于御史大夫。监郡御史的主要职责是代表皇权监察地方官吏。由此可见，秦王朝已经从中央到地方普遍设置御史司监察，并置御史大夫府为中央监察机构，这标志着秦帝国以御史制度为主体的监察制度已经确立。

《汉书·百官公卿表上》说："御史大夫，秦官，位上卿，银印青绶，掌副丞相。"[1]

汉代的监察制度与秦代一脉相承。

在地方，汉高祖刘邦放弃了对地方的监察。《后汉书·百官志》说："秦有监御史，监诸郡，汉兴省之。"[2]然而这一废置，导致了地方吏治的日趋腐败。鉴于这样的教训，惠帝三年(公元前192年)，汉帝国又部分地恢复了地区御史监郡的制度。

---

[1] 班固著：《汉书》卷19《百官公卿表上》，第725页。
[2] 范晔撰：《后汉书》卷28《百官志》，中华书局1965年版，第3617页。

汉武帝时期，废除了监郡御史，改为设立十三部刺史，驻当地专司监察地方百官。

班固在《汉书·百官公卿表上》中说："武帝元封五年初置部刺史，掌奉诏条察州，秩六百石，员十三人。"①

十三部刺史皆隶属于中央最高监察机关御史府，有御史中丞具体督管，在地方设有固定治所。十三部刺史的设立，虽然改变了秦代地方监察头绪过多，不利于上通下达的问题，但也造成了新的问题，那就是十三部刺史权力过大；一人掌握几个郡官员的生杀大权，容易产生腐败和冤案。

由于御史大夫常因身兼副丞相职务而忙于政务，行政权日重，检察权日轻。而名义上属御史大夫领导的御史中丞因为和皇帝接近等特殊原因成为皇帝的耳目，不仅一般地承担纠察百官的任务，而且可以受皇帝之命监察其上司御史大夫，逐渐演变成为专职的最高检察官。

从西汉末年到东汉初年，监察组织不断发生变化。御史大夫改称大司空后，不再担任检查的任务。与此同时，御史台作为独立执行监察的职能机构登上了中国的历史舞台，这标志着检察权开始同行政权相分离。

总而言之，中华帝国的监察制度始于秦始皇，经过汉代的承袭和完善，趋于成熟。其后，虽经两千多年各朝代的损

---

① 班固著：《汉书》卷19《百官公卿表上》，第741页。

益，并没有发生实质性的变化，很多合理的东西甚至一直沿用至今仍在发挥着作用。

6. 汉帝国还承袭了秦帝国的赋税制度

秦始皇统一六国后，对全国赋税制度进行了统一和改革。公元前216年，下令全国各地自报占有田亩数目，即文献记载的"令黔首自实田"制度。这是中国历史上在全国范围内实行土地登记制度的开始。民众有纳税，服徭役、兵役的义务，赋税制度的统一，有利于多民族国家的治理与统一。

汉代承袭秦朝这一制度，并发展成一套系统完整的管理制度和赋税制度。秦帝国的《田律》《仓律》《徭律》，主要征收田赋、户赋和口赋。汉朝在这三律的基础上又增加了《田租税律》和《盐铁税律》等税收法规。

另外，汉代还实行了编户齐民制度，登记人口，真正实现与加强了对全国各地的人口管理与赋税的征收。这种制度，更加有利于国家对农民征收赋税和徭役。

汉高祖刘邦建国初期，曾根据实际情况实行轻徭薄赋政策，改秦代田租十税一为十五而税一。随着时间的推移与社会经济的恢复与发展的需要，统治者又将田租恢复为十税一。汉惠帝即位后又恢复为十五税一。汉文帝二年（公元前178年），为了鼓励农民生产，减收当年天下田租之半。此后，由于实行重农积粟政策和募民入粟赐爵政策，国家掌握的粮食大大增加。汉文帝十二年（公元前168年）再次减收天下田租之半，十三年（公元前167年）又完全免除民田的租税，以鼓励农业生产。到汉景帝二年（公元前 155 年）又恢复征税，正式规定三十税一。到了东汉光武帝初年，田租又恢复为十税一。

总的看来，汉代承袭秦代的赋税制度，并发展为灵活的征收方式，以适应国家不同时期的发展和朝廷政策调整的需要，这是一个巨大的进步。

7. 汉帝国基本沿袭了秦帝国的礼仪制度

在中国古代社会，礼仪制度是区别上下、贵贱、尊卑的等级制度的一项重要内容。在行政权力支配社会的历史条件下，用礼仪制度来区别和规范官员之间的身份与交往的方式往往显得十分重要。因为，在人们看来，享受不同的礼仪是一个人的权力、地位、尊严以及富贵荣华的特殊象征，这种价值文化观念对政府管理与官吏等级秩序都十分重要。

历史的事实是最好的答案。

汉代的礼仪制度基本上沿袭了秦朝制度，即使有所损益，其基本原则也毫无变动。

大秦帝国建立后，为了显示气派，区别尊贵，秦始皇为上至皇帝，下至百姓，制定了一整套规模宏大的礼仪制度。汉代秦后，对于秦帝国的礼仪制度在艳羡的同时，统治者基本上采取了照单全收的政策。

《汉书·礼乐志》中说："高祖时，叔孙通因秦乐人制宗庙乐。"又说："汉兴，拨乱反正，日不暇给，犹命叔孙通制礼仪，以正君臣之位。高祖说而叹曰：'吾乃今日知为天子之贵也。'"① 可见，汉帝国建立后，君臣尊卑的朝堂礼仪、宗庙礼仪，宫室制度以及宫廷内部的烦琐礼仪等皆沿袭秦王朝。司马迁为此在《史记·礼书》中这样总结说："自天子称号下至佐僚及宫室官名，少所变更。"②

8. 汉帝国对秦帝国的德运、历法、风俗等也都加以承继

史料记载：汉丞相张苍好律历，专门遵用秦朝的《颛顼历》。他"以为汉乃水德之时，河决金堤，其符也。年始冬十月，色外黑内赤，与德相应"③。

汉帝国的风俗也大都沿袭了大秦帝国。西汉思想家贾谊、董仲舒等人都认为，秦朝的"遗风余俗"，在汉朝皆"犹尚未改"。其实，大汉帝国本来就是从大秦帝国脱胎而来，时间距离又不太长，生活习俗、风俗习惯沿袭秦王朝也是一件自然而然的事情。

总的看来，汉帝国对秦帝国的继承是一种全方位的继承，也是一种发展性的继承。这种继承的特点表现在：秦开其端，汉总其成。秦帝国虽然夭亡，但其灵魂犹存，其所草创的一系列政治制度、经济制度、文化制度通过大汉帝国之身，又变相地得以复活。从这个意义上讲，大秦帝国就如一只涅槃的凤凰，在经过一场血与火的战争考验后又再次借用汉帝国

---

① 班固著：《汉书》卷22《礼乐志》，第1030、1043页。
② 司马迁撰：《史记》卷23《礼书》，第1160页。
③ 班固著：《汉书》卷25《郊祀志上》，第1212页。

的生命之身得以再生。

从历史的发展来看，秦帝国的夭亡，主要不是因为其政治制度、文化理念、治国模式的错误导致，而是最高统治者的个人行为之失与皇权旁落所引发。因此，汉承秦制是西汉统治者的一种明智的选择。通过继承前朝的一切优秀、合理的制度，汉王朝迅速巩固了它的统治并迎来了它的盛世。

汉承秦制具有系统性。大到政治制度、治国模式、疆域区划，小到许多具体的习俗、礼仪、文字、度量衡等，基本上是采取全部的拿来主义。这表明，从秦至汉，整个政治制度及其社会文化体系是一种比较完整的继承关系，在一切主要方面都没有发生断裂。继汉之后，魏晋又承继汉制，以后，隋唐宋元明清各代一脉相承，秦制历经两千多年而香火不断。

汉承秦制，或有改良，或有发展，主要还在于继承。自秦汉而后，历代王朝代代相传，大一统的中华帝国更加牢固，疆域更加辽阔，经济实力提高，人口数量增加。汉之后国家或有短暂的分裂，但终归一统；或有偏远异族的入侵，但终被汉化。

由此，一个问题就必须作答：大秦帝国灭亡了吗？我想，如果抛开宗法观念上的家天下尺度，或嬴氏、或刘氏、或曹氏、或司马氏、或杨氏、或李氏、或赵氏、或朱氏、或爱新觉罗氏，秦始皇开创的大一统的中华帝国，随着时代的变化，经历了不同姓氏皇帝的统治，一直在不断完善、发展、富裕、强大。直到近代西方文化独领世界风骚，中国被纳入世界政治、经济、文化圈后，传统帝制才像步履蹒跚的老人一样在1912年宣告寿终正寝。但是，秦帝国所引领的中华政治、文化、大一统等价值观念依然存在，并且在激励中华民族挺起腰杆去实现新的伟大的复兴。

人生有起伏，国家有兴衰。

时至今日，大一统的中国，正面临着又一次崛起与发展的机遇，它必将以一个全新的、前所未有的姿态，重新崛起在世界的东方，屹立于世界民族之列，给世界和人类带来更大更深远的影响。在实现中华民族伟大复兴进程中，秦汉帝国的创业精神与治国理政的经验教训永远是一笔取之不竭的重要财富，让我们在前人开辟的事业的基础上，做一个无愧于列祖列宗的中国人！

第二章　建都之争　定鼎关中

都城选择也是衡量一个新政权巩固统治、治理国家、处理问题能力高低的标准。从都城的选择上大致可以看出某集团首领的战略眼光及其雄心壮志的高低差别。秦亡后，在建都问题上，项羽、刘邦都曾经得到了建都关中的建议，但两人不同的抉择对其事业及其人生命运都发生重要的影响。最初刘邦称帝后即从定陶移驻洛阳，简派官员督工修缮宫室，加固城垣，打算以此作为汉帝国的都城。正当刘邦为把洛阳作为国都进行规划的时候，一个名叫娄敬的戍卒却对此提出了否定意见，同时建议刘邦迁都关中。后来的事实发展表明，刘邦接受娄敬建议，把汉王朝的统治中心放在关中，的确是一项极富远见的英明决策。因为不论在不久以后进行的削平异姓诸侯王的战争、北击匈奴或是汉景帝时发生的平定吴楚七国之乱的战争中，关中地区都巍然不动，作为稳定的战略大后方，都城长安对汉王朝保证战争的胜利及其维护国家的统一都起到了举足轻重的作用。

一、项羽定都彭城之得失

公元前 206 年四月，项羽在咸阳封邦建国，将原大秦帝国分割为十九个王国。他自立西楚霸王，以彭城为国都。

彭城，就是今天江苏省徐州市。项羽定都彭城，大概有这样几个因素。

第一，兵家必争之地。彭城为华夏古都，自黄帝时期起就是兵家必争之地，历代被认为是形胜之区，常有"得彭城者得天下"之说。黄帝与蚩尤大战于此而后初步统一华夏；帝尧时也在此建大彭氏国。东周时彭城本为宋邑，后被楚国攻占，谓之西楚。秦王嬴政二十三年（公元前 224 年），秦军攻灭楚国，置彭城县，属泗水郡。秦二世三年（公元前 207 年）反秦联盟之主楚怀王熊心建都彭城，在这里命刘邦项羽西上灭秦。建都彭城，有着重要的政治与军事的双重意义。

第二，经济发达。彭城地处交通便利之地，北邻齐鲁，东连吴越，南接皖赣，有鸿沟、邗沟做水上枢纽，交通便利，经济发达。以彭城为大本营的话，军队的补给和调动都极为便利。

第三，安抚部下。彭城为项梁、项羽最初起兵成事的地方之一，且当初和项羽一起打天下的几千旧部基本都是江东人士，家乡观念很重，定都彭城可以顺应旧部的心意，达到笼络部属的目的。

第四，荣归故里的虚荣心作祟。《史记·项羽本纪》说：

> 项羽引兵西屠咸阳，杀秦降王子婴，烧秦宫室，火三月不灭，收其货宝妇女而东。人或说项王曰："关中阻山河西塞，地肥饶，可都以霸。"项王见秦宫室皆以烧残破，又心怀思欲东归，曰："富贵不归故乡，如衣绣夜行，谁知之者！"说者曰："人言楚人沐猴而冠耳，果然。"项王闻之，烹说者。[①]

然而，项羽不听人劝重视关中大地而定都彭城，无论怎样看都不应该算得上上之选，由此引发的得失成败亦很明显。

第一，上面已经提到，彭城虽然地理位置重要，但为四战之地易攻难守，从长远来看，显然不适合作为政权所在地的都城来定位。这是因为，作为天下的中心——都城，最需要的是稳定、和平、发展、繁荣的环境，而不是兵家必争的四险之地。也许，项羽自恃自己武力出众，根本不相信哪个诸侯势力能够占据彭城。但这是缺乏足够的远见的政治表现。项羽没有为后世子孙长远考虑彭城能否适合做都城，他只想凭借一人之勇，打败敌军，快意恩仇，但是没有考虑后面如果还有西楚霸王二世、三世的话，还能不能像他一样有雄武的资本来守住此地。盲目自大可以图一时之快，但绝对是政

[①] 司马迁撰：《史记》卷7《项羽本纪》，第315页。

治家的最大忌讳。

第二，与彭城比较，关中的咸阳、西安都是周秦的龙兴之地，有着近千年的基础。正如司马迁在《史记》中所言的那样"关中阻山河四塞，地肥饶，可都以霸"①。如果项羽定都关中，或咸阳、或长安，就可以充分利用这里丰富的经济、历史文化资源，可以阻止刘邦进入关中和中原战场；可以据函谷关之险远离诸侯纷争，拥有较为稳固的后方；可以赢得足够的时间，静观天下风云的变化，等待时机各个击破诸侯，最后平定天下。

第三，项羽东返不久，刘邦即暗度陈仓，消灭秦地封王势力，进而以关中为根据地与项羽角逐天下并最终获胜的历史事实，也充分证明了项羽政治上的短见与刘邦战略上的远见。

二、刘邦建都长安之意义

刘邦称帝后，在何处建立都城，是他面临的第一个重大政治问题。

最初，刘邦称帝后即从定陶移驻洛阳，简派官员督工修缮宫室，加固城垣，打算以此作为汉帝国的都城。

---

① 司马迁撰：《史记》卷 7《项羽本纪》，第 315 页。

刘邦君臣这样决定并非全无道理。

洛阳是历史名城，从西周初年建城起，至汉初已八百余年。它北靠邙山，南临伊、洛，居中原之中心，交通便利，战略地位重要。公元前770年以后，东周王朝以此为都城，经数百年经营，已经颇具规模。以此作为汉帝国的都城，还是具有不少优越条件的。特别是当时刘邦手下的文臣武将没有一个人对此提出疑义，说明刘邦的决定是得到了绝大多数人的认可的。然而，正当刘邦为把洛阳作为国都进行规划的时候，一个名叫娄敬的戍卒却对此提出了否定意见，同时建议刘邦迁都关中。

娄敬[①]，齐人，汉五年（公元前202年）五月，他被征发到陇西（今甘肃东部）戍守。路过洛阳时，他看到这里正大兴土木，欲建都城。他立即找到一位同乡虞将军，请他引荐说有重要事情要禀报刘邦。虞将军答应引荐，但见娄敬的衣服太寒伧，劝他换一身鲜丽一点的服装。娄敬坚决不换，说："臣衣帛，衣帛见，衣褐，衣褐见，终不敢易衣。"虞将军将此事禀报告给刘邦。刘邦答应召见娄敬。见面时，刘邦问娄敬有什么话要说。娄敬问："陛下都洛阳，岂欲与周室比隆哉？"刘邦回答曰"然"[②]。娄敬于是详细分析了周、汉两朝取天下时历史条件的不同和关、洛地区地理条件的差异，

---

① 娄敬，也叫刘敬，因汉高帝赐姓刘氏。

② 司马迁撰：《史记》卷99《刘敬叔孙通列传》，第2715页。

着力阐明关中地区的有利形势，力主刘邦迁都关中。他说：

陛下取天下与周室异。周之先自后稷，尧封之邰，积德累善十有余世。公刘避桀居豳。太王以狄伐故，去豳，杖马箠居岐，国人争随之。及文王为西伯，断虞芮之讼，始受命，吕望、伯夷自海滨来归之。武王伐纣，不期而会孟津之上八百诸侯，皆曰纣可伐矣，遂灭殷。成王即位，周公之属傅相焉，乃营成周洛邑，以此为天下之中也，诸侯四方纳贡职，道里均矣，有德则易以王，无德则易以亡。凡居此者，欲令周务以德致人，不欲依阻险，令后世骄奢以虐民也。及周之盛时，天下和洽，四夷乡风，慕义怀德，附离而并事天子，不屯一卒，不战一士，八夷大国之民莫不宾服，效其贡职。及周之衰也，分而为两，天下莫朝，周不能制也。非其德薄也，而形势弱也。今陛下起丰沛，收卒三千人，以之径往而卷蜀汉，定三秦，与项羽战荥阳，争成皋之口，大战七十，小战四十，使天下之民肝脑涂地，父子暴骨中野，不可胜数，哭泣之声未绝，伤痍者未起，而欲比隆于成康之时，臣窃以为不侔也。且夫秦地被山带河，四塞以为固，卒然有急，百万之众可具也。因秦之故，资甚美膏腴之地，此所谓天府者也。陛下入关而都之，山东虽乱，秦之故地可全而有也。夫与人斗，不扼其亢，拊其背，未能全其胜也。今陛下入关而都，案秦之故地，此亦扼天下之亢而拊其背也。①

娄敬大概是属于"游士"之类的传统士人，从他的上言内容看，他确实具有一定的远见卓识。正如他所指出，洛阳虽处天下之中，但却是四战之地。经过三年秦末农民战争和四年的楚汉战争，洛阳所在的关东地区遭受的破坏十分厉害，经济的恢复和发展显然需要时日。在自然经济的条件下，一个都城周围如果不是富庶之区，这个都城的维持就会困难重重。特别是当时异姓诸侯王的封国大都集中于洛阳的南北和以东地区，这些封国基本上是一些半独立的地方政权，它们与汉朝中央政府的矛盾还没有解决。洛阳作为国都的安全也是一个大问题。显然，汉帝国定都洛阳弊多利少，并不是一个上策。刘邦及其群臣在如此大事上是欠妥善考虑的。与洛阳相比，关中的有利条件是很多的。这里是西周和秦王朝的发祥地，周的都城镐京，秦的都城咸阳，都建在关中腹地的渭水之畔。关中土地肥沃，人口众多，周秦以来所受战乱破坏远较关东为轻。将国都建置于此，物资供应当不成问题。就地理形势而言，关中更是得天独厚。它北接黄土高原，西靠陇西丘陵，南界秦岭，东凭黄河与崤山，形成一道道天然屏障，进可攻，退可守。即使乱起东方也较易平定。把关中作为汉帝国的建都之地，显然是一种最好的选择。娄敬的建

---

① 司马迁撰：《史记》卷99《刘敬叔孙通列传》，第2715—2716页。

议显示了他对全国形势的洞悉和为汉政权未来筹划的深谋远虑，不能不令刘邦刮目相看。

刘邦听完娄敬的一番宏论之后，虽然很佩服娄敬的识见，但对于迁都这样的大事，还是犹豫不决，于是在群臣中广泛征求意见。群臣以秦王朝二世而亡，关中并非吉祥之地为理由，坚决反对迁都关中。只有张良力排众议，赞同娄敬的意见，力主迁都关中。刘邦对张良向来是言听计从，在张良提出明确意见后立即采纳，于是下定决心，力排众议，下令迁都关中。

刘邦征询群臣意见并最终决策定都长安一事，司马迁在《史记·留侯世家》中记载得颇为详尽，书中言：

> 刘敬说高帝曰："都关中。"上疑之。左右大臣皆山东人，多劝上都洛阳："洛阳东有成皋，西有殽、黾，倍河，向伊、洛，其固亦足恃。"留侯曰："洛阳虽有此固，其中小，不过数百里，田地薄，四面受敌，此非用武之国也。夫关中左殽、函，右陇、蜀，沃野千里，南有巴蜀之饶，北有胡苑之利，阻三面而守，独以一面东制诸侯。诸侯安定，河、渭漕挽天下，西给京师；诸侯有变，顺流而下，足以委输。此所谓金城千里，天府之国也，刘敬说是也。"于是高帝即日驾，西都关中。①

---

① 司马迁撰：《史记》卷 55《留侯世家》，第 2043、2044 页。

　　娄敬的建都关中的建议，对西汉王朝二百余年的发展起到了至关重要的作用。此后，刘邦为了表彰娄敬建议迁都关中的功绩，特赐姓刘氏，任命他做了郎中，号曰"奉春君"。历史的偶然性往往就是这样，一个戍卒由此脱颖而出，一项关乎汉王朝长治久安的迁都计划因此而顺利得以实施。以后的历史发展事实表明，刘邦接受娄敬、张良建议，把汉王朝的统治中心放在关中，的确是一项十分有远见的英明决策。因为不论在不久以后进行的削平异姓诸侯王的战争、北击匈奴或是汉景帝时发生的平定吴楚七国之乱的战争中，关中地区都巍然不动，作为稳定的战略大后方，对保证战争的胜利起了举足轻重的作用。吕思勉在评价这段历史时说："观刘敬及留侯之说，知是时汉尚未敢欲全有天下，其后数年之间，异姓诸侯叛者，无不败亡，复成郡县之局，尚非是时所及料也。汉高于东方非有根柢，关中则用之已数年，自欲因循旧业，亦非尽因地理形势。以此而议项羽之背关怀楚，为致亡之由，缪矣。"[1]

---

　　① 吕思勉著：《秦汉史》，中国文史出版社 2018 年版，第 38 页。

第三章　刘邦对儒学态度的转变

　　司马迁曾这样评说叔孙通:"叔孙通希世度务制礼,进退与时变化,卒为汉家儒宗。'大直若屈,道固委蛇',盖谓是乎?"然而,对于叔孙通的兴礼乐,当时也有相当一部分儒者持反对态度,认为"天下初定,死者未葬,伤者未起,又欲起礼乐。礼乐所由起,百年积德而后可兴也"。这说明在汉初儒学复兴过程中儒者内部是有分歧的,这集中地反映在如何实践儒家"权变"的问题上。后世也有贬低的,如北宋司马光就批评叔孙通,说他"为器小也!徒窃礼之糠秕,以依世、谐俗、取宠而已,遂使先王之礼沦没而不振,以迄于今,岂不痛甚矣哉"。似乎汉初儒者的"权变"让人觉得有损儒家的人格和理想。然而,正是叔孙通等儒者"权变"之士的努力,才使得儒家学说真正具有了实践品格,走上实行之路,其对政治文化整合的历史性贡献是应该得到肯定的。善于审时度势的叔孙通,随着时局的变化而不断改变自己的行为方式,但没有改的是儒家济世的信念和参与治理国家的决心。他不唱高调，制定朝仪易知易行，因此得到了刘邦的青睐和信任。正是在郦食其、叔孙通、陆贾这样一批饱学且积极入世济世儒生们的努力下，汉高祖刘邦才终于完成了从轻儒到重视儒学在国家治理中作用的巨大转变，从而为汉武帝时期儒学的复兴奠定了坚实的基础。

一、叔孙通制礼与刘邦重儒

战国后期，儒学因为迂阔而不切实用，在七国争雄中长期无人问津，尽管荀子集儒家之大成，且引法家、阴阳家诸派入儒，亦是老死兰陵，不为世用。加之前有商鞅"燔《诗》《书》而明法令"[1]，后有秦皇、李斯"焚书坑儒"及"偶语""挟书"之禁，使儒学备受打击，处境艰难。但是，终秦一代，儒学并未断绝，它仍在秦政权中占有一席之地，在自己的故乡也仍然是弦歌不断。正如司马迁在《史记·儒林列传》中所言："天下并争于战国，儒术既绌焉，然齐鲁之间，学者独不废也。""及高皇帝诛项籍，举兵围鲁，鲁中诸儒尚讲诵习礼乐，弦歌之间不绝，岂非圣人之遗化，好礼乐之国哉？""夫齐鲁之闲文学，自古以来，其天性也！"[2]

---

① 韩非著：《韩非子》卷4《和氏》，王先慎撰：《韩非子集解》，中华书局1998年版，第97页。。

② 司马迁撰：《史记》卷121《儒林列传》，第3116、3117页。

秦末反秦及楚汉战争时期，儒生面对的刘邦集团是一个出身于社会底层的特殊人物群体。史载刘邦亭长出生，地位卑微，"好酒及色"，但他性情豁达大度，精通为人之道，善于结交人，知道要想成就一番事业，只有礼贤下士，故而每到一地，"时时问邑中贤士豪杰"①。他来自平民，懂得民生的艰难，能够听取不同意见，善于审时度势。不仅如此，招降纳顺，赏善惩恶，刘邦也做得十分出色。他的手下也大都出身卑微，除了张良是韩国贵族的后裔外，其他核心人物如陈平是游士，大将樊哙是屠夫，周勃是吹鼓手，灌婴是个卖布贩子，娄敬是车夫，韩信是渔民，彭越是强盗。但不管这些人出身如何，地位怎样，刘邦都能充分发挥他们的特长。这样，限于自身文化素质和战争环境需要，刘邦喜欢的是攻城略地的战将，对于儒生是不喜欢的，甚至溲溺儒冠，以示轻侮。而且，当时"尚有干戈，平定四海，亦未暇遑庠序之事"②。儒生们面对这种情况，也知道刘邦的性格特点，但依然追随刘邦，为之效力，如班固在《汉书·郦陆朱刘叔孙传》中赞曰："高祖以征伐定天下，而缙绅之徒骋其知辩，并成大业。语曰'廊庙之材非一木之枝，帝王之功非一士之略'，信哉！"③他们是怀抱儒家的救世之道追随刘邦的，这给了他

① 司马迁撰：《史记》卷 121《郦生陆贾列传》，第 2692 页。
② 司马迁撰：《史记》卷 121《儒林列传》，第 3117 页。
③ 班固著：《汉书》卷 43《郦陆朱刘叔孙传》，第 2131 页。

们充分的自信和坚定的目标，使他们在对应刘邦集团这些人物时往往表现出不亢不卑和灵活务实的态度。他们充满着自信，是因为他们知道刘邦有像秦始皇那样拥有天下的志向，要达此目的就必须善待士人。因此，有抱负、有远见的儒学之士在秦失其鹿、乱世混战的年代都先后趋之若鹜般地投向了刘邦集团。

郦食其，陈留高阳人。好读书，但家贫落魄，无衣食之业，秦时为里监门吏。楚汉之际往投汉王刘邦，为刘往来游说诸侯，曾经说服陈留郡及齐七十余城归降刘邦。后为齐王田广所杀。郦食其初见刘邦时，身着儒服，自称"郦生"，刘邦使人召食其，食其入谒，沛公正让两个女子给他洗脚，郦食其进来后见此情状竟长揖不拜，对刘邦说："足下欲助秦攻诸侯乎？欲率诸侯破秦乎？"刘邦见郦食其，骂他"竖儒"，又说："夫天下同苦秦久矣，故诸侯相率攻秦，何谓助秦？"食其曰："必欲聚徒合义兵诛无道秦，不宜踞见长者。"[1] 于是沛公辍洗，起衣。这样，郦食其就对刘邦讲述六国纵横时事，刘邦很高兴，延他上坐，敬谢赐食。郦食其在获得了刘邦的接纳之后，也没有不识时务地大讲什么仁义德治、礼义廉耻等迂阔之道，而是与刘邦讨论如何用兵，提出了进军关中的正确路线和用兵方略，并亲自前往陈留向秦朝守将晓以

---

① 司马迁撰：《史记》卷97《郦生陆贾列传》，第2692页。

利害，劝说守城将士投降刘邦，并亲手刺杀了陈留令，为刘邦进军关中立下首功；在楚汉战争中，郦食其更是为刘邦奔走诸侯之间，在外交上作出了功绩。

　　叔孙通，鲁国薛人，秦王朝时已经是待诏博士。叔孙通和孔鲋世居鲁地，有礼乐六艺的完整典制的继承，有邹鲁汶泗的正统渊源，但叔孙通的事业经历，说明他又兼有孔荀因时权变、君子不器、积极入世的特点。叔孙通在秦时为待诏博士，说明他既没有因为秦始皇焚《诗》《书》而隐身不仕，也没有受到坑术士的朝中斗争的冲击。当陈胜揭竿而起反秦时，秦二世召博士咨询将如何处理，众博士都说陈胜将反或者为盗，必须发兵征讨，胡亥不高兴，于是叔孙通说："诸生言皆非也。夫天下合为一家，毁郡县城，铄其兵，示天下弗复用。且明主在其上，法令具于下，使人人奉职，四方辐辏，安敢有反者！此特群盗鼠窃狗盗耳，何足置之齿牙间。郡守尉今捕论，何足忧。"[1]胡亥听了很高兴，奖励叔孙通"帛二十匹，衣一袭，拜为博士"。同时下令"御史案诸生言反者下吏，非所宜言。诸言盗者皆罢之"[2]。出来以后，一些人纷纷责备叔孙通"谀"，叔孙通则回答说他是刚刚脱离虎口，于是，叔孙通连夜逃亡，先投楚怀王，再投项王，最后降汉。在这里，我们不能简单地说叔孙通是一个没有气

---

　　① 司马迁撰：《史记》卷99《刘敬叔孙通列传》，第2720页。

　　② 司马迁撰：《史记》卷99《刘敬叔孙通列传》，第2721页。

节、到处钻营的人。因为在战乱时代，知识分子获得了相对独立的地位，不存在和某个政治军事集团的人身依附关系，所以叔孙通最后降汉，实在是他审时度势的明智之举。刘邦文化程度不高，看不惯儒生的装束。于是叔孙通改穿楚地的短服，在那些顽固的儒生中，有一个能采取这样的姿态，自然博得了刘邦的赏识。据《史记·刘敬叔孙通列传》记载，叔孙通降汉时跟随的儒生有一百多位，可见叔孙通在当时的儒家学者中颇有声望和势力，这种情况下曲节投靠，没有非常之谋是难以做到的。但是，几年当中，叔孙通向刘邦举荐的人都是一些原来当过强盗、壮士的人，儒家弟子一个也不举荐。于是儒生埋怨叔孙通不举荐他们。叔孙通解释说："汉王方蒙矢石争天下，诸生宁能斗乎？故先言斩将搴旗之士。诸生且待我，我不忘矣。"叔孙通的这席话，并非信口胡说，而是"心有所定，计有所守"的表现。由于他举荐的人多次立功，刘邦欢喜，拜叔孙通为博士，号稷嗣君。汉五年（公元前202年），刘邦已统一天下。叔孙通拿出秦朝朝仪、官制给新皇帝应用。刘邦认为过于复杂，指示一切从简。结果群臣在朝廷之上饮酒争功，拔剑击柱，刘邦又觉得这样太没有规矩。善于察言观色的叔孙通不失时机向刘邦郑重提出："夫儒者难与进取，可与守成。"臣愿意去征召鲁地的儒生们，与臣的弟子们共同制定朝仪。然后又讲了一番礼乐文化的大道理："五帝异乐，三王不同礼。礼者，因时世人情为之节文者也。故夏、殷、周之礼所因损益可知者，谓不相复也"。表示

"臣愿颇采古礼与秦仪杂就之"。高祖说："可试为之，令易知，度吾所能行为之。"①"夫儒者难与进取，可与守成"这句话可以说是叔孙通经过了长期的战乱，在历史的变换中，已经不再站在一个纯粹的思想家位置，而是通过揭示战争时期政治与和平时期政治的不同来给儒学在实际政治生活中进行定位。从这个角度出发，叔孙通的"变通"与"务实"无疑是中国早期儒家的一大进步。

叔孙通的朝仪草成以后，先在野外搭棚演习，演习了一个多月，然后请刘邦参观演习。刘邦看了，说道："吾能为此。"于是他命令群臣都学习这个新朝仪。易知易行的朝仪制度在汉七年（公元前 200 年）阴历十月长乐宫正式实行。气氛肃敬庄重，群臣按尊卑秩序喝酒，叩拜皇帝，没有敢失礼者。朝仪结束，高祖喜道："吾乃今日知为皇帝之贵也。"②尝到皇帝滋味的刘邦拜叔孙通为太常，赐金五百斤。叔孙通乘机进言：诸儒生跟随臣很久了，朝仪是他们共同商议制定的，应该也封官。于是汉高祖将这一百多名儒生全部封为郎官。在郦食其、叔孙通等饱学且积极入世济世的儒生影响下，汉高祖刘邦终于完成了他自己从轻儒到重视儒学在国家治理中的作用的巨大转变。

司马迁曾经这样评价叔孙通："叔孙通希世度务制礼，进

---

① 司马迁撰：《史记》卷 99《刘敬叔孙通列传》，第 2720、2721、2721—2722 页。

② 司马迁撰：《史记》卷 99《刘敬叔孙通列传》，第 2723 页。

退与时变化，卒为汉家儒宗。'大直若屈，道固委蛇'，盖谓是乎？"[1]然而，对于叔孙通的兴礼乐，当时也有相当一部分儒者持反对态度，认为"天下初定，死者未葬，伤者未起，又欲起礼乐。礼乐所由起，百年积德而后可兴也"[2]。这说明在汉初儒学复兴过程中儒者内部是有分歧的，这集中地反映在如何实践儒家"权变"的问题上。后世也有贬低的，如北宋司马光就说："惜夫，叔孙生之为器小也！徒窃礼之糠秕，以依世、谐俗、取宠而已，遂使先王之礼沦没而不振，以迄于今，岂不痛甚矣哉！"[3]汉初儒者的"权变"让人觉得有损儒者的人格和理想，但同时也使儒家学说真正具有了实践品格，走上实行之路，其对政治文化整合的历史性贡献是应该得到客观评价的。善于审时度势的叔孙通，随着时局的变化而不断改变自己的行为方式，但没有改的是他的儒家济世的信念和参与治理国家的决心。叔孙通务实而变通，不唱高调，制定朝仪易知易行，因此得到了汉高祖的青睐和信任。他的行为使得儒家知识分子陆续进入权力机构，为儒家的掌权奠定了坚实的基础。[4]到汉武帝时，儒学能够确立起独尊的地位，应该说是刘邦对儒学态度的转变，奠定了这一政策的基本走向。

---

[1] 司马迁撰：《史记》卷99《刘敬叔孙通列传》，第2726页。

[2] 班固著：《汉书》卷43《郦陆朱刘叔孙传》，第2127页。

[3] 司马光编著：《资治通鉴》卷11《汉纪三》中华书局1956年版，第376页。

[4] 参见韩星著：《儒法整合：秦汉政治文化论》，中国社会科学出版社2005年版，第126—130页。

二、陆贾对策对刘邦的影响

西汉帝国建立不久，刘邦即从定陶移驻洛阳，打算在此建都。五月，他在洛阳南宫大宴群臣，共同讨论总结在楚汉战争中战败项羽的经验。就是在这次宴会上，刘邦从用人路线方面阐述了自己的成功之道，讲出了一段脍炙人口、发人深省的话来。

> 高祖置酒洛阳南宫。高祖曰："列侯诸将无敢隐朕，皆言其情。吾所以有天下者何？项氏之所以失天下者何？"高起、王陵对曰："陛下慢而侮人，项羽仁而爱人。然陛下使人攻城略地，所降下者因以予之，与天下同利也。项羽妒贤嫉能，有功者害之，贤者疑之，战胜而不予人功，得地而不予人利，此所以失天下也。"高祖曰："公知其一，未知其二。夫运筹策帷帐之中，决胜于千里之外，吾不如子房。镇国家，抚百姓，给馈饷，不绝粮道，吾不如萧何。连百万之军，战必胜，攻必取，吾不如韩信。此三者，皆人杰也，吾能用之，此吾所以取天下也。项羽有一范增而不能用，此其所以为我擒也。"[1]

在刘邦的带动下，汉初，在全国范围内，统治集团掀起了一个反思秦王朝为何二世而亡、汉帝国何以为治的社会思

---

[1]　司马迁撰：《史记》卷8《高祖本纪》，第380页。

潮。汉初政治家、思想家都在认真思考这一问题并力求得出满意的答案。刘邦集团就以秦朝二世而亡的教训作为他们君臣议论的重要话题，并且千方百计地希图为新生的帝国政权找到一套可以长治久安的统治思想和渡过统治危机的制度，刘邦前半生生活在秦代，对秦王朝政治的得失有着切身感受与认识，在反秦战争中刘邦也把"伐无道、诛暴秦"作为自己的目标与旗帜。因而他一进入关中地区，便立即宣布"约法三章"，表示"与民更始"。汉帝国建立以后又在制度和政策上采取了一系列有别于秦王朝的措施，力图与秦王朝的施政划清界限。但是，如何从思想理论上总结秦王朝灭亡的教训，同时给汉初的政治经济政策提供理论上的指导，却是刘邦及其布衣将相的统治者群体难以做到的。恰在此时，有一个名叫陆贾的谋士站了出来，在刘邦授意下，总结亡秦之失，写成《新语》一书供最高统治者参考，在汉初统治阶级的反思潮流中承担起了启迪最高统治者"更始"与转变政策这一历史使命。

陆贾（？—公元前170年），楚人。他以客卿的身份随刘邦参加了反秦战争和楚汉战争。由于他博学多识，能言善辩，常常作为刘邦的使者完成各种复杂而艰巨的出使任务。如在进军关中的道路上，他奉刘邦之命收买守卫峣关的秦将，使之丧失警惕性，为刘邦军突袭峣关的成功创造了有利的条件。在楚汉战争中，又是他作为汉军的使者前往楚军军营，说服项羽释放了被掠为人质的刘邦父亲和妻子。西汉王朝建立以后，他又两次出使南越，劝说南越王赵佗归附汉朝，对于汉初南方地区及边境的安定，发挥了重要的作用。

陆贾读过许多先秦的典籍，对儒家的《诗》《书》等文献也很有研究，在与刘邦交谈时经常加以引用和宣扬，劝刘邦以儒家学说治国。

的确，战争结束以后，如何逆取顺守、文武并用，即如何实现从战争政策到和平政策的转变，以达到长治久安的目的，正是作为开国皇帝的刘邦日夜思考的问题。于是，刘邦诚恳地对陆贾说："试为我著秦所以失天下，吾所以得之者何，及古成败之国。"① 即要求陆贾为他总结历史与现实斗争的成功经验与失败教训，以便作为君臣们治国安邦的政治参考。正是在这一背景下，陆贾精心创作《新语》一书。该书共十二篇，史载陆贾每写好一篇呈送刘邦，刘邦即让他在群臣面前宣读。每一篇不仅得到了刘邦的高度赞扬，而且群臣听了也都情不自禁地高呼万岁。刘邦亲自给这部书起了一个名字，号曰《新语》。顾名思义，就是它说出了刘邦君臣从未听说过的新鲜话语，挠到了刘邦君臣在国家治理问题上的痒处与急于寻找的理论答案。

陆贾的《新语》继承与整合了先秦黄老学说、儒家学说、法家学说等，并在新的历史条件下有新的调整、阐述和发挥，这突出地反映在三个方面：一是对秦王朝奉行法家严刑峻法

---

① 司马迁撰：《史记》卷97《郦生陆贾列传》，第3699页。

的批判。二是本于儒家思想，有意识地结合当时政治需要进行儒法整合。三是根据汉初社会经济凋敝、民心思治的实际情况，主张推行"与民休息"，实行"无为而治"。显然，《新语》一书解决了汉初统治集团上上下下都普遍关心的"向何处去"问题，成为刘邦君臣的政治教科书。

刘邦去世后，惠帝登基，吕后当国，违背刘邦的"白马之盟"，诸吕逐渐窃居要津。陆贾明白，一场统治集团的内部斗争在所难免。明哲保身的人生哲学使陆贾以生病为名辞去了太中大夫的官职，举家迁往好畤（今陕西乾县）居住。他将自己出使南越时所得赏赐的一部分卖掉，获值千金，平分给五个儿子，让他们各自独立，自谋生计。陆贾自己则"安车驷马"，佩戴价值百金的宝剑，携带歌伎和侍者十余人，四处游历，结交宾客，颐养天年。他对五个儿子说："与汝约：过汝，汝给吾人马酒食。极欲，十日而更。所死家，得宝剑车骑侍从者。一岁中往来过他客，率不过再三过。数见不鲜，无久恩公为也。"[1]根据陆贾的年龄和当时的形势判断，看来陆贾是打算息影林泉，以这种方式悠闲自在地度过自己下半生的。陆贾如此安排自己的生活，所奉行的正是"达则兼济天下，穷则独善其身"的儒家人生哲学，是一种不得已而求其次的选择。其实，赋闲中的陆贾并不是远离人间烟火，他

---

[1]　司马迁撰：《史记》卷97《郦生陆贾列传》，第2700页。

仍然"身在江湖，心驰庙堂"，时刻关心着政局的变化，并随时准备为之尽自己的一份力量。

诸吕专权局面形成后，刘氏政权危如累卵。右丞相陈平忧心如焚，自知无力与吕后正面抗争，但又不甘心刘氏皇统的断绝，更怕祸及自身，平时只得深居简出，装着一副与世无争的样子，使吕氏疏于防范，等待时机。在这样的情况下，陆贾造访陈平，故意探问："何念之深也？"陈平是个城府很深的人，不作正面回答，故意反问："生揣我何念？"陆贾单刀直入，直接揭开谜底："足下位为上相，食三万户侯，可谓极富贵无欲矣。然有忧念，不过患诸吕、少主耳。"[1] 至此，两心相印。陈平于是向他求教万全之计，陆贾便将自己经过多日深思熟虑的计策向陈平和盘托出。他说：

> 天下安，注意相；天下危，注意将。将相和调，则士务附；士务附，天下虽有变，即权不分。为社稷计，在两君掌握耳。臣常欲谓太尉绛侯，绛侯与我戏，易吾言。君何不交欢太尉，深相结？[2]

这是一个以协和的将相为领导，以刘邦创业时期的元勋重臣为核心，团结其他文武臣僚，相机挫败吕氏集团篡位阴

---

[1] 司马迁撰：《史记》卷97《郦生陆贾列传》，第2700页。
[2] 司马迁撰：《史记》卷97《郦生陆贾列传》，第2700—2701页。

谋的计划。以屡出奇计著称的陈平苦思冥想也没有设计出来的万全之策，竟从陆贾的口中说了出来。陈平喜出望外，立即主动与太尉周勃深相结纳，互相达成默契。与此同时，陈平又以奴婢百人，车马五十乘，钱五百万交给陆贾做游资，让他广泛地在汉朝公卿大臣中间进行活动，以便沟通信息，联络感情，进行诛除诸吕的密谋活动。由于陆贾当时仅仅是一个退职的闲员，他的活动不为诸吕注意。他就充分利用这一条件，充当陈平、周勃等人的幕后军师和联络人员，起了别人无法替代的作用。公元前180年（吕后八年）吕后一死，诸吕即迅速被周勃、陈平等人诛灭，其中的一个重要因素应归于陆贾运筹帷幄之功。

陆贾一介书生，生当战乱年代，无斩将刈旗之功，对功名利禄并不十分看重。他官秩不过千石，且为官时间不长，一生的绝大部分时间是做客卿或赋闲家居，最后得以寿终，是一个乐天知命的人物。在西汉初年的政治舞台上，陆贾的声势并不显赫，但是，他却是西汉王朝统治理论的创建者之一，是当时统治阶级中对历史和现实了解得最清楚、眼光最远大而敏锐的人物之一。一部《新语》奠定了他在汉代思想史上承上启下的地位。

陆贾《新语》一书，是西汉统治集团的理论家总结秦亡教训和刘邦获取天下的成功经验，第一次把儒、法、道糅合在一起而提出了较完备的促成政治转型与无为治理的理论。《新语》以"无为而治"为最高政治理想，以仁义、礼法、任贤为基本内容，为西汉王朝的长治久安奠定了思想理论基础。《汉书·艺文志》把《新语》列为儒家，其实，陆贾的思想与孔子、孟子、荀子等为代表的原始儒学已有相当的距离，除了儒家的基本思想外，还包含黄老和法家思想的许多内容，是从汉初社会实际出发杂糅各家治理因子而自成体系的治理学说。陆贾《新语》一书所展示的政治哲学思想，尤其是其中的无为而治的天道观和今胜于古的历史进化论，构成了中国政治哲学发展史上一个承上启下的环节。在一定意义上说，它成了以刘邦为首的汉初布衣皇帝和布衣将相的政治教科书，为他们制定政策提供了理论基础。从汉初的轻徭、薄赋、节俭、省刑的一系列促进社会稳定、生产发展和经济繁荣的政策中，不难看出《新语》思想的影响。陆贾作为一个杰出的政治家和思想家，虽然官位不高，权力有限，基本上处于一种客卿的地位，一生连个侯爵也没有得到，但在汉初的政治和思想领域中却作出了别人不可替代的巨大贡献。可以说，汉初思想界如果少了陆贾及其《新语》，那汉初治理理论体系及其历史转型的状态将会逊色不少。①

---

① 参见安作璋、刘德增著：《汉高帝大传》，中华书局2006年版，第199—201、205页。

第四章　拨乱反正与国策转移

　　从表面上看，人类社会的历史好像是由具备独立意志、具有创造能力的个人或团体积极创造出来的。可是在实际上，任何个人或团体都不能也无法随心所欲地创造历史。这是因为，当人们开始自己的创造活动的时候，都离不开他所面临的主客观环境的限制，这些主客观条件制约与决定着人们的创造活动所能达到的范围和高度。从秦王朝的亭长登上汉王朝皇帝宝座的刘邦，在设计、构建、缔造与治理他的大汉帝国统治大厦时，同样不可能随心所欲。秦汉之际的历史剧变以及长期战争对社会经济所造成的巨大破坏，这是制约刘邦君臣制定和实施治理政策时的两个最大因素。

一、汉初形势与休养生息

经过秦末战乱与楚汉战争的破坏，原来繁华的帝国大地几乎成为一片废墟，刘邦君臣面临着十分严峻的治理困难。

"汉兴，接秦之敝，诸侯并起，民失作业，而大饥馑。凡米石五千，人相食，死者过半。"战争之后，人口锐减，经济残破，田园荒芜，哀鸿遍野。一个昔日数万户人口的繁盛的曲逆（今河北完县），劫后余生者仅有五千户，还被刘邦惊呼"壮哉县"，称赞是洛阳之外最富庶的城市，其他地方的凋败景象就更是可想而知。当时，民众穷困到了极点，新兴的西汉国家政权也面临着极其严重的财政困难，"天下既定，民亡盖臧，自天子不能具醇驷，而将相或乘牛车。"[①]面对如此艰窘与困难的社会经济条件，如何才能巩固新政权的统治？这是刘邦君臣无法回避而且必须直面的最重要的问题。

本来，刘邦集团大多数出身于社会下层，对民间的疾苦和百姓要求有着深切的了解与体悟。他们又曾经作为反秦军的领袖南征北战，亲眼看到不可一世的秦王朝在内忧外患中顷刻灰飞烟灭。秦帝国二世而亡的残酷教训强烈地触发刘邦君臣的思考，以此鉴诫警惕自己重蹈秦帝国的覆辙。汉初刘邦的治国理政的一系列政策，充分反映了当时政治、经济、社

---

① 班固著：《汉书》卷 24《食货志》，第 1127 页。

会、文化发展的要求。正是在反思秦亡教训的历史氛围中，刘邦君臣制定和推行了一系列恢复与发展社会生产的政治经济政策，自觉不自觉地适应了时代与历史发展的要求。汉初的治理政策紧紧围绕着一个中心，这就是千方百计地增加和保护社会劳动力，提高他们从事经济生产的积极性；同时，积极创造条件，促进生产者与生产资料的结合，使社会生产得以顺利地恢复与正常进行。

为了增加和保护社会劳动力，刘邦多次发布诏令，赦免罪人，使他们回到土地上从事生产。

汉二年（公元前 205 年）正月，楚汉战争刚刚拉开战幕，还定三秦的战斗硝烟还没有完全散去，刘邦在夺取了北地郡之后，就宣布"赦罪人"。同年六月，他又借立汉王太子之机，在栎阳再次发出了"赦罪人"的诏令。汉五年（公元前 202 年）十二月，垓下之战刚刚结束，刘邦就下令"诸民略在楚者皆归之"。同年，又在定陶下令："兵不得休八年，万民与苦甚，今天下事毕，其赦天下殊死以下。"显然，以上诏书规定所赦免的大都是原秦王朝、三秦王（章邯、司马欣、董翳，破秦后项羽所立）和项羽统治地域的"罪人"，这虽然带有争取同盟者的策略上的考虑，但对稳定关中及其他各地民心、恢复社会秩序却起到了积极的作用。后来，刘邦对于触犯汉王朝法律的"罪人"也开始赦免。汉六年（公元前 201 年）十月，刘邦在陈擒拿韩信之后，就地发出了大赦天下的诏令："天下既安，豪杰有功者封侯，新立，未能尽图其功。身居军九年，或未习法令，或以其故犯法，大者死刑，吾甚怜之。其赦天下。"汉九年（公元前198年）春，再次下令"前有罪殊死以下，皆赦之"。汉十年（公元前197年）七月，因太上皇死去，下令"赦栎阳囚死罪以下"。汉十一年（公元前196年）正月，平定反叛的韩王信以后，刘邦在洛阳发出了"大赦天下"的诏令。同年七月，讨伐反叛的淮南王英布时，最后一次下诏"赦天下死罪以下"[①]。

刘邦在其统治的十年中，共下达了八次赦免"罪人"的诏令。综观这些诏令，目的对象各异，有的是与敌对势力争取民众，有的仅适用某些地域，有的加上一些限制条件，使被赦的"罪人"打了折扣。但是，不管怎样，把一些与土地脱离的罪犯释放使之与土地重新结合，无疑增加了生产第一线的劳动力，同时也大大调动了这部分人的生产积极性。与以上政策相联系，刘邦还在汉五年（公元前202年）发布了一个"民以饥饿自卖为人奴婢者，皆免为庶人"的诏令，使相当一批奴婢获得了解放，回到了土地上从事农业生产。面对人口大量减少，劳动力严重不足的现实，刘邦又实行了鼓励生育的政策，汉七年（公元前200年）下令"民产子，复勿事二岁"[②]。在刘邦实行的一系列的恢复发展生产的措施之中，影响最大、成果最显著的莫过于复员军队、招抚流亡了。汉五年（公元前202年）五月，登上帝位不久的刘邦从

---

① 班固著：《汉书》卷1《高帝纪下》，第50、51、59、67、68、73页。
② 班固著：《汉书》卷1《高帝纪下》，第54、63页。

定陶来到洛阳，立即发布了一个总纲性的诏书：

> "诸侯子在关中者，复之十二岁，其归者半之。民前或相聚保山泽，不书名数，今天下已定，令各归其县，复故爵田宅，吏以文法教训辨告，勿笞辱。……军吏卒会赦，其亡罪而亡爵及不满大夫者，皆赐爵为大夫。故大夫以上赐爵各一级，其七大夫以上皆令食邑，非七大夫以下，皆复其身及户，勿事。"又曰："七大夫、公乘以上，皆高爵也。诸侯子及从军归者，甚多高爵，吾数诏吏先与田宅，及所当求于吏者，亟与。爵或人君，上所尊礼，久立吏前，曾不为决，甚亡谓也。异日秦民爵公大夫以上，令丞与亢礼。今吾于爵非轻也，吏独安取此！且法以有功劳行田宅，今小吏未尝从军者多满，而有功者顾不得，背公立私，守尉长吏教训甚不善。其令诸吏善遇高爵，称吾意。且廉问，有不如吾诏者，以重论之。"[①]

从刘邦诏书中提到的"爵或人君，上所尊礼，久立吏前，曾不为决"以及"法以有功劳行田宅，今小吏未尝从军者多满，而有功者顾不得"的情况看，刘邦"以军功行田宅"的措施遇到来自基层官吏的很大阻力。这些基层官吏利用手中的权力为自己大捞好处，虽无军功却获得爵位田宅；而从军立功者反而得不到应得的爵位与田宅，甚至在小吏

---

① 班固著：《汉书》卷1《高帝纪下》，第54—55页。

面前备受刁难。刘邦对此自然十分恼火。而从其"有不如吾诏者，以重论之"的申明来看，刘邦实行此项措施的态度又是十分坚决的，他决不允许任何人敷衍塞责。总体来看，这个诏令是以优厚的条件使广大从军的战士和军官复员回乡。一般士卒都得到一小块土地，其中跟随刘邦入汉中定三秦的那部分将士更是获得了世世代代免除赋役的特权。而对于获得七大夫以上高爵的人待遇更加优厚。在此优渥的政策下，那些复员后的士兵大都成了小自耕农，而绝大部分军官则成为军功地主。这些人一旦成为土地上的主人，他们对刘邦及其汉政权的拥护是不言而喻的。对于在战乱中离家流亡的农民和地主，刘邦以"复故爵田宅"，引导他们返回故土，同时又以多次赐爵等方式刺激他们的生产积极性。通过以上措施，刘邦为亟待恢复的农业生产增加了较多的劳动力。在汉初人口锐减，增加劳动力已成为恢复农业生产关键条件的前提下，刘邦的上述政策措施提供了农业生产正常进行的最主要的条件，这是汉初君臣在治国理政方面的一大智慧体现。

归纳起来，刘邦在统一全国后，制定的"与民休息"政策，其主要内容应有以下几项。

第一，减轻田赋。"什伍税一"，即按十五分之一的比例征收田赋。这个税额比战国时的"什一税"和秦王朝时的"泰半之赋"都大为降低。

第二，复员军队。在关中务农者，免除十二年田赋，去其他地方的，免除六年田赋。军吏士卒各按军功赐予爵位，并按等级分给田宅。获得七大夫以上爵位者，可以食邑（分享国家租税收入）；七大夫以下的，免除自身和家属赋役。

第三，招抚流亡。过去"聚集山泽"的民众，各归原籍，恢复原有产业、爵位。

第四，废除奴隶。规定"民以饥饿自卖为人奴婢者，皆免为庶人"[①]（因犯法而成为官奴者不在内）。这个法令虽然后来未得彻底实行，但它仍是中国历史上第一个废奴法令。

第五，鼓励生育。生育子女的，免徭役一年。

第六，节制国家财政开支。自皇帝至封君均以各自的山川田池和市场租税收入作为"私养费"，不再从政府领取经费。据《汉书·食货志》记载，实行这些办法以后，当时从关东运往关中的官府用粮，每年不过数十万石。

第七，限制地方税。规定郡国在算赋（人口税）以外，只能按照每人每年六十钱的数额征收献费。

第八，废除秦朝连坐、车裂等酷刑。

刘邦死后，惠帝君臣如吕雉与大臣萧何、曹参、陈平等继续执行刘邦的这些政策，从而保障了国力的稳定与持续的恢复。[②]

[①]　班固著：《汉书》卷1《高帝纪下》，第54页。

[②]　参见戚文、陈宁宁著：《两汉人物论》，中国出版集团东方出版中心2013年版，第130—131页。

二、制定法律与发展经济

汉初拨乱反正还集中在《汉律》的制定及其一系列鼓励发展经济的政策上面。

在法治建设方面，刘邦让张苍制定法律。

虽然《汉律》继承了秦法并且保留了不少苛酷之刑，但是，刘邦统治时期的刑罚与秦帝国时期相比毕竟有所减轻。当年刘邦入关之后，立即宣布"约法三章"，"蠲削烦苛"，而《汉律》九章正是在宣布废除秦苛法、与民更始的历史大背景下制定的，因而其刑罚有所减轻是不言而喻的。当然，由于《汉律》并不改变地主阶级专政的本质，而在具体执行过程中也存在不少问题，所以系而不决、罚而不当的事情还是时有发生。对此，刘邦在汉七年（公元前 200 年）向御史下达了这样一个诏令：

> 狱之疑者，吏或不敢决；有罪者久而不论，无罪者久系不决。自今以来，县道官狱疑者，各谳所属二千石官，二千石官以其罪名当报。所不能决者，皆移廷尉，廷尉亦当报之。廷尉所不能决，谨具为奏，傅所当比律令以闻。[①]

这种要求各级官吏奉法循理、及时公正、认真负责，杜绝敷衍塞责的诏令是有积极意义的。

---

① 班固著：《汉书》卷 23《刑法志》，第 1106 页。

汉高祖刘邦曾亲自下诏过问罪犯的审理，重申司法程序，要求对案情清楚、量罪准确的案件及时判决，对无罪者更不要久系不论，对于疑难案件也要将案情、判决意见及所据律令逐级上报，直到最后由皇帝裁决。刘邦这样做，显然是为了保证国家法律能够不折不扣地得到执行，使犯罪者得到相应的惩罚，守法者不被蒙冤治罪，以防止某些官吏上下其手，贪赃枉法，从中舞弊。有法必依，违法必纠，公正迅速地审理罪犯，既不放纵恶人，亦不冤杀无辜，始终是古往今来清正廉明的司法制度所追求的目标，也是社会稳定的重要标志。刘邦的诏令对于汉初司法审判制度的规范化具有一定的积极意义。当然，总的来看，刘邦当国时期的刑罚较之文景时代还是严酷了一些，但与秦王朝严刑峻法相比，毕竟有所缓和，这对安定社会秩序、提高民众的生产积极性是有利的。

刘邦拨乱反正的另一项主要政策就是恢复与发展经济。

为了实现生产者与生产资料相结合，刘邦也注意解决土地问题。上引诏令中的"复故爵田宅""以有功劳行田宅"，当然都是重要措施。除此而外，刘邦还采取了另外一些办法。如在汉二年（公元前205年）十一月，刘邦下令"故秦苑囿园池，令民得田之"①。这大概可以解决关中地区无地或少地农民的一部分土地问题。另外，据当时情势推断，由于战乱造成的人口锐减，汉初的土地问题不会成为发展生产的太

---

① 班固著：《汉书》卷1《高帝纪下》，第33页。

大障碍。即使当时没有从军的一般无地农民，只要在战争中能够幸存下来，一般都会有属于自己的一小块赖以生存的土地。如此一来，在汉朝初年特定的历史条件下，生产者与生产资料的结合，就通过不同的途径基本实现了。

生产者与生产资料的结合虽然是社会生产得以进行的最基本的条件，然而，在传统社会里，作为国民经济主要部门的农业生产能否顺利进行，还必须具备两个条件：一是保证生产者有较充裕的劳作时间，二是将赋税量限制在使生产者能够恢复体力和养家糊口的可以接受的程度。这两个条件在西汉初年也基本上具备了。因为刘邦君臣从自己的切身体验和秦亡的教训中非常明白轻徭薄赋对于稳定社会、发展生产的至关重要的意义，所以一直比较注意推行这样的政策。《汉书·食货志》说：

> 上于是约法省禁，轻田租，十五而税一……而山川园池市肆租税之入，自天子以至封君汤沐邑，皆各为私奉养，不领于天子之经费。漕转关东粟以给中都官，岁不过数十万石。[1]

这个租税量与秦代相比，是比较低的。这是因为，西汉建国之初，虽然百废待兴，需要用钱的地方很多，但刘邦君臣比较能够抑制自己的享受欲望，加上此时官吏队伍精干，

---

[1]　班固著：《汉书》卷24《食货志》，第1127页。

行政费用较低，所以对民众征收的赋税是较轻的。刘邦在其当国时期，还多次有意识地下诏免除租税和徭役。例如，汉二年（公元前205年）二月，当楚汉战争仍在激烈进行的时候，刘邦就下令："蜀汉民给军事劳苦，复勿租税二岁。关中卒从军者，复家一岁。"汉八年（公元前199年）三月，刘邦率军北击据太原反叛的韩王信回到洛阳以后，"令吏卒从军至平城及守城邑者，皆复终身勿事"。汉十一年（公元前196年）冬，刘邦在东垣击破陈豨部将赵利，奖赏"诸县坚守不降反寇者，复租赋三岁"。同年二月，刘邦对献费的数额做了明确的规定："欲省赋甚。今献未有程，吏或多赋以为献，而诸侯王尤多，民疾之。令诸侯王、通侯常以十月朝献，及郡各以其口数率，人岁六十三钱，以给献费。"当年四月，"令丰人徙关中者皆复终身"。六月，再下令"士卒从入蜀汉关中者，皆复终身"①，等等。这些减免租赋徭役的诏令，除对献费的规定外，都不是普遍施惠于全国的百姓，而是加了一系列地域、时间和条件的限制，更多的是对从军吏卒的恩赏。与后来文景时期的轻徭薄赋相比，是很有限的。这是因为，汉王朝建立之初，人口较秦时减少很多，负担租税服徭役的人数更少，而七八年间，对异姓诸侯王和匈奴的战争几乎没有停息，军费及其他开支难以节省，刘邦实在无条件实行全面的轻徭薄赋。尽管如此，刘邦时期对百姓的赋役征发毕竟有

---

① 班固著：《汉书》卷1《高帝纪下》，第33、65、70、70、72、73页。

了章法，与秦王朝统治时期的"内兴功作，外攘夷狄，收泰半之赋，发闾左之戍。男子力耕不足粮饷，女子纺绩不足衣服。竭天下之资财以奉其政，犹未足以澹其欲也"①的施政情况相比，已经是天渊之别了。就是与后来汉武帝统治时期的"田渔重税，关市急征，泽梁毕禁，网罟无所布，耒耜无所设，民力竭于徭役，财用殚于会赋，居者无食，行者无粮，老者不养，死者不葬。赘妻鬻子，以给上求，犹弗能澹"②的惨状相比，刘邦的轻徭薄赋政策也是不可同日而语的。

在刘邦恢复和发展社会经济生产的治理政策中，与秦王朝统治者一样，同样采取了重农抑商政策。

汉八年（公元前 199 年）三月，刘邦在洛阳发布了一项抑商的诏令："贾人毋得衣锦绣绮縠絺纻罽，操兵，乘骑马。"③这一规定实际上是对商贾政治地位和社会地位的歧视政策。《汉书·食货志下》中说："天下已平，高祖乃令贾人不得衣丝乘车，重税租以困辱之。"④这一规定主要是对商贾经济上的抑制。

"重农抑商"是战国法家思想的重要内容，也是儒家学派的一贯主张。而从秦代开始，又几乎成为中国历代王朝的既定国策。应该承认，重农抑商政策在相当长的历史时期内，

①　班固著：《汉书》卷 24《食货志》，第 1126 页。
②　刘文典撰：《淮南鸿烈集解》卷 8《本经训》，中华书局 1997 年版，第 266 页。
③　班固著：《汉书》卷 1《高帝纪下》，第 65 页。
④　班固著：《汉书》卷 24《食货志》，第 1153 页。

对维护传统农业国家的经济基础是起了积极作用的。富商大贾们所经营的超出农业需要的商品和高利贷，构成了对传统自然经济的严重威胁与破坏。所谓"以贫求富，农不如工，工不如商，刺绣文不如倚市门"①。商业和高利贷的高额利润，必然要引诱部分农民弃农经商，从而削弱农业作为"本"的地位。更重要的是，传统社会的商人们往往是"以末致财，用本守之"，即用经营商业和高利贷赚取的大量金钱兼并土地，造成农民大量破产和与土地脱离，从根本上危及传统中国的经济基础。显然，刘邦重申重农抑商政策以及从政治经济上对富商大贾的势力进行压制，在汉初的特定历史条件下，对于维护处于复苏中的小农经济是有积极作用的。②在传统以农立国的社会模式下，"重本抑末"政策对于王朝政权的稳定与社会秩序稳定是至关重要的。我们不能用近代以来工业社会、商业社会的眼光来评说当时传统王朝的这一有效的治理政策。

应该得出这样的结论：汉初刘邦君臣所制定和实施的上述一系列恢复发展经济与生产的政策，适应了时代的要求，反映了民众的愿望。这些政策稳定了当时的社会秩序，促成了生产者与生产资料的结合，刺激了农民的生产积极性，为社会生产的正常进行创造了必要的条件，从而促进了汉初社会生产的恢复和发展。所有这一切，都给西汉王朝的治国理政奠定了一

---

① 司马迁撰：《史记》卷 129《货殖列传》，第 3274 页。
② 参见安作璋、刘德增著：《汉高帝大传》，中华书局 2006 年版，第 230—236 页。

个良好的基础，创造了一个良好的开端。而它作为祖宗之法，又在惠帝、吕后、文帝和景帝时期得到了继承和发展，从这个意义上说刘邦一手开创大汉盛世似乎并不为过。

第五章　以秦为鉴　郡国并行

公元前 202 年，当刘邦最后战败项羽巩固汉家天下后，他借鉴秦始皇因郡县而亡、项羽又因分封而灭的教训，调和二者，采用了以郡县制为主、封国制为辅的双轨行政区域管理模式。这种郡县与分封双轨并行制度是一种适合当时历史客观需要的政治智慧。汉初的刘氏政权并不稳固。韩信、彭越、英布等功臣战将虎视眈眈，刘邦死后吕后又大肆屠戮刘氏宗室企图以吕代刘，周勃诛灭吕氏后大权独揽皇权微弱，如不是分封制度的制约，秦二世时期的权臣祸国现象很可能就会再次出现，汉帝国也会因此而夭亡。虽然刘邦分封对汉王朝中期政治秩序的稳定造成了一定的影响，先后发生了诸侯王的一些叛乱现象，但中央政府处理起来不会感到无法克服。历史总是在曲折中前进的，直线式的政治设计只能是后世学者一种主观美好的臆想，并不是一个顺势而为政治家成功的保障。

一、秦郡县与分封之争

大秦帝国建立之初，秦始皇君臣在六国故地实行郡县制还是分封制意见上并不一致，曾有一番争论。

秦国虽然已经完全实行了郡县制度，但在统一六国后，领土扩展太快，如何才能有效地巩固统治，这还是一个见仁见智的问题。事实上，要否定周朝八百年的诸侯封国的政治体制，并不是一件简单容易的事情。历史总是在曲折中前进。新事物的发展总有一个逐渐淘汰旧事物的过程。为此，大秦帝国建国初期，在朝堂之上，关于郡县与分封孰优孰劣，就曾经展开过一场激烈的争论，这场争论直接影响到了秦帝国其后的历史命运。

丞相王绾等向秦始皇进言说，诸侯初破，六国刚灭，燕国、齐国、楚国地处偏远，不在这些地方设王置藩，就无法镇抚确保那里的治安。他们建议秦始皇仿周朝旧制，分封各位皇子到六国各地为诸侯王。王绾的这个建议，既符合当时人们的习惯思维，也道出了王族和统治阶层中很多人内心深处的文化情结。这里应该注意的是，王绾等人并没有全盘否定郡县制，只是提醒秦始皇要注意总结与借鉴历史经验教训，在燕、齐、楚等秦帝国统治薄弱的地方进行特殊处理，实行封王建制。司马迁说："始皇下其议于群臣，群臣皆以为便。"[1] 这

---

[1]　司马迁撰：《史记》卷6《秦始皇本纪》，第239页。

就是说，王绾的主张是得到了秦帝国绝大多数群臣赞许的。

但是，廷尉李斯独具异义。他认为：周武王虽然将同姓子弟进行分封，但结果并不理想。诸侯国之间"相攻击如仇雠"，战乱不断，即使周天子最后也不能制止。现在天下既然已经重新统一，辟为郡县，这是长治久安的办法，未可轻易地去改变。至于对于诸公子功臣，完全可以用国家财政的方法去奖赏与安置他们，完全不需要再去重蹈周王朝分封制的老路。

最后，秦始皇肯定了李斯的意见，否决了分封诸侯王的建议，他说："天下共苦战斗不休，以有侯王。赖宗庙，天下初定，又复立国，是树兵也，而求其安息，岂不难哉！廷尉议是。"①

但是，这场关于郡县与分封的争论并没有结束，由于人们的利益、立场不同，人的政治见识、智慧有高低远近之分，以及受客观条件的制约，因此，秦始皇建立的郡县制在很长一段时间里，并不被人们所接受。汉魏至唐，历代争论从未断过。

班固在《汉书·诸侯王表》中总结秦亡的原因时这样认为：

> 昔周监于二代，三圣制法，立爵五等，封国八百，同姓五十有余。周公、康叔建于鲁、卫，各数百里，太公于齐，亦五侯九伯之地。《诗》载其制曰："介人惟藩，大师

---

① 司马迁撰：《史记》卷6《秦始皇本纪》，第239页。

惟垣。大邦惟屏，大宗惟翰。怀德惟宁，宗子惟城。毋俾城坏，毋独斯畏。"所以亲亲贤贤，褒表功德，关诸盛衰，深根固本，为不可拔者也。故盛则周、邵相其治。致刑错；衰则五伯扶其弱，与共守。自幽、平之后，日以陵夷，至乎厄岖河洛之间，分为二周，有逃责之台，被窃铁之言。然天下谓之共主，强大弗之敢倾。历载八百余年，数极德尽，既于王赧，降为庶人，用天年终。号位已绝于天下，尚犹枝叶相持，莫得居其虚位，海内无主，三十余年。

秦据势胜之地，骋狙诈之兵，蚕食山东，壹切取胜。因矜其所习，自任私知，姗笑三代，荡灭古法，窃自号为皇帝，而子弟为匹夫，内亡骨肉本根之辅，外亡尺土藩翼之卫。陈、吴奋其白挺，刘、项随而毙之。故曰，周过其历，秦有及期，国势然也。[1]

在班固看来，秦王政自己为皇帝，而子弟为普通百姓，在内没有骨肉亲人相辅佐，在外没有子孙党羽之护卫。所以陈涉、吴广不过是暴民起事，刘邦、项羽随后就灭亡秦帝国。所以，有人说，周朝能够延续数百年，而秦帝国只能维持几十年，就是因为其国家体制分别实行了分封或者郡县制度的缘故。

---

[1] 班固著：《汉书》卷14《诸侯王表》，第391—393页。

二、楚霸王的封王建国

公元前206年刘邦军队进入关中，兵临咸阳城下，秦王子婴投降。同年，项羽在巨鹿消灭秦军主力后，率领众诸侯大军进入关中迫使刘邦交出亡秦成果，此时的项羽是有绝对实力统一天下、定于一尊的。但是，由于深受分封制的影响，他不愿意效仿秦始皇重建一个统一的帝国，同时又顾忌诸侯王的现实利益要求，当然，他也不愿意按照他与叔父项梁当初出于反秦战争需要而立的盟主楚怀王回到战国的政治方案。于是，项羽决定调和现实，折中古今，选择了第三条道路，在中国历史上首次实行了霸王领导下的封王建国。

项羽首先将楚怀王升格架空，尊称为义帝，迁徙到南楚地区的郴县（今湖南郴州），使之远离新的天下秩序。他将已经复国的战国七国，即楚、秦、赵、魏、韩、燕、齐的领土，以秦帝国的郡为单位，重新分割为十九王国。项羽自封为西楚霸王，王九郡，都彭城。接着，他将剩下的天下分封给在灭秦战争中立下汗马功劳的十八个诸侯王。

1. 分割楚国为西楚、九江、衡山、临江四国

项羽自立为西楚霸王，以彭城（今江苏徐州）为都城，统治今天的安徽、江苏、浙江的大部分地区，以及山东和河南的部分地区，领有原属于楚国和魏国的九个郡（大致包括秦的东郡、砀郡、泗水、薛郡、东海、会稽、陈郡、南阳等郡）。封楚国将军英布为九江王，以六县（今安徽六安）为都

城，统治楚国南部的九江郡。封楚国将领吴芮为衡山王，以邾县（今湖北黄冈北）为都城，大致领有楚国南部的衡山郡地区。封楚国将领共敖为临江王，以江陵（今湖北荆州）为都城，大致统治楚国南部的南郡等地。

2. 分割秦国为雍、塞、翟、汉四国

封章邯为雍王，以废丘（今陕西兴平东南）为都城，统治咸阳以西的地区，大致包括秦的内史西部、陇西郡和北地郡。封司马欣为塞王，以栎阳（今西安市阎良区东北）为都城，统治咸阳以东的地区，大致拥有秦的内史东部。封董翳为翟王，以高奴（现陕西延安北）为都城，领有秦的上郡。封刘邦为汉王，以南郑（今陕西汉中）为都城，统治汉中地区和四川盆地，领有秦的汉中、巴和蜀三郡。

3. 分割魏国为西魏和殷两国

秦的东郡、砀郡和河东郡，本来是魏国的领土。由于东郡和砀郡归了西楚，作为补偿，项羽将原属赵国的太原郡和上党郡连同河东郡封与魏豹，将魏国迁徙到河东一带，以平阳（今山西临汾）为都城，王号国号不变。封赵国将领司马卬为殷王，以朝歌（今河南淇县）为都城，领有黄河北部的河内郡（原属魏国）。

4. 分割韩国为韩和河南两国

韩王成的领土和王号不变，仍旧以阳翟（今河南禹县）为都城，领有颍川郡。封赵国将领申阳为河南王，以洛阳为都城，领有三川郡。

5.分割赵国为代和常山两国

将赵王赵歇徙封为代王，以代县（今河北蔚县北）为都城，统治赵国的北部地区（代郡、雁门郡、云中郡）。封赵国丞相张耳为常山王，将赵国旧都信都改名为襄国（今河北邢台），作为常山国的都城，统治赵国的东部地区（邯郸、巨鹿、恒山）。

6.分割燕国为燕和辽东两国

徙封原燕王韩广为辽东王，以无终（今天津蓟县）为都城，统治原燕国的东部地区（右北平、辽西、辽东）。封燕国将军臧荼为燕王，以蓟县（今北京）为都城，统治原燕国的西部地区（渔阳、上谷、广阳）。

7.分割齐国为胶东、齐、济北三国

徙封原齐王田市为胶东王，以即墨（今山东平度东）为都城,统治齐国的东部地区(胶东郡)。封齐国将领田都为齐王，以临淄（今山东淄博东北）为都城，统治齐国的中部地区（临淄郡和琅玡郡）。封另一名齐国将军田安为济北王，以博阳(今山东泰安东南）为都城，统治原齐国的北部地区（济北郡）。

在以上王国分封之外，对于各级有功将领，也分别作了不同的赏赐，故赵国大将陈馀，封赏南皮三县（今河北南皮一带），吴芮的部下梅涓，封赏十万户等等不一。

项羽分封诸王建立列国,首先是对秦始皇消灭六国、建立统一秦帝国之否认。然而，在当时这却是历史的趋势，是反秦起义的目标，是军心民心的所向，没有人能够拂逆。项羽分封

　　诸王建立列国，也是对楚怀王被拥立以来，六国复活、王政复兴的政治秩序的修正。项羽杀秦王子婴，对其他的六国旧王，也皆作了不同程度的迁徙贬抑。他将怀王迁徙到南楚郴县，使他空有义帝之号而远离政治。他将赵王赵歇迁徙到赵国北部，贬抑为代王；将齐王田市迁徙到齐国东部，贬抑为胶东王；将燕王韩广迁徙到辽东，贬抑为辽东王；魏王魏豹虽然保留了魏王之号，却被迁徙到河东郡；韩王韩成虽然也保留了韩王之号，却不让他回国，强行带到彭城，后来加以杀害。

　　项羽分封诸王建立列国，其基本原则是论军功行赏，自己军功最高，分得天下的最大部分，其余分得好土好地的新封诸王，都是跟随项羽在反秦战争中立有特殊军功的将领们。项羽分封诸王建立列国的理念，和周初的大分封仿佛有相通之处。它所追求的以霸主名义号令天下的政治秩序，似乎又接近于春秋五霸的霸业政治，不过，仔细考察项羽分封诸王建立列国，在中国历史上是从来未曾有过的新制度和新秩序。受封的诸国，其国内行政皆是郡县制，领土大体为一郡或者数郡。各国自己制定历法制度，任命官员，拥有军队，治土治民，是完全独立的王国。各王由西楚霸王封授，对西楚有朝觐听命、领军随同出征作战等义务。

　　应该说，项羽所开创的这种封王建国制度，是在多国共主的天下形式上承继了西周、春秋、战国，但在郡、县、乡、里的基层社会组织上已经脱不开秦制。这种融会古今、对应现状的结果，成为秦王朝走向汉王朝，郡县制走向郡国制，中央集权走向地方分权，绝对皇权走向相对皇权之间的过渡。历史行进到这里，启动了某种先行实验，在不稳定的状态中，展现出由统一帝国到联合帝国的嬗变趋势。①

项羽的这种分封建国，表面上看是兼顾到了历史传统、当时的各方政治利益以及人心的取向等情况，但是这种不伦不类、没有政治眼光与政治价值的国家政治模式根本就不可能长久。原因很清楚，它既不优越于秦始皇创建的中央集权的郡县制度，也没有周王朝分封时的那种大气、王气以及以血缘为基础的家国价值观念的约束，而只是一个松散的、暂时的军阀独立政治联盟体。很快，当项羽的军事实力虚弱之际，便是各诸侯王重新开战之时。

三、刘邦的郡国双轨制

公元前 202 年，当刘邦最后战败项羽巩固汉家天下后，他借鉴秦始皇因郡县而亡、项羽又因分封而灭的教训，调和二者，采用了以郡县制为主、封国制为辅的政治模式。

楚汉战争中，为了争取力量战胜主要敌人项羽，刘邦尊重历史与现状，承认了异姓诸侯王割据封国的现状。汉高帝

---

① 参见李开元著：《秦崩——从秦始皇到刘邦》，生活·读书·新知三联书店 2015 年版，第 349—352 页。

二年（公元前 205 年），刘邦开始推行的王国分封，其分封原则及制度几乎原封不动地承继了项羽的"分封建国"制度，所变化的只是将主封之国由西楚变为汉，其受封对象，由忠于项羽的军功阶层变为忠于刘邦的军功阶层。刘邦于项羽所分封的诸侯王国，或者予以原案承认（譬如燕、魏），或者因其旧王更名改封（譬如常山更名为赵），或者因旧国立忠实于汉朝之将领为新王（譬如齐、梁）。①

　　然而，一旦项羽被灭、天下统一形势成熟后，刘邦又立刻剪除了异姓诸侯王而以刘氏同姓诸侯王代替之。汉高帝六年（公元前 201 年）十二月，刘邦接受田肯的建议，就此废止对异姓诸侯王的分封，转而着手分封同姓诸侯王。至此，汉代的王国分封原则发生了根本性的转变。这种转变，从其内容来看，一则表现为从此前的因功封王转为因亲封王，二则表现为其分封对象开始被严格限定于刘氏皇族之内；时人贾谊将这种转变的原因归结为："高皇帝瓜分天下，以王功臣，反者如蝟毛而起。高皇帝以为不可，剗去不义诸侯，空其国。择良日，立诸子洛阳上东门之外，诸子毕王而天下乃安。"② 实际上，汉代的王国分封原则的转变，"归根结蒂缘

---

　　① 参见唐燮军、翁公羽著：《从分治到集权——西汉的王国问题及其解决》，浙江大学出版社 2012 年版，第 19 页。

　　② 贾谊著：《新书》卷 1《益壤》，闫振益、钟夏校注：《新书校注》，中华书局 2000 年版，第 57 页。

自异姓诸侯王利用价值的丧失，以及刘邦'家天下'的强烈欲望。"①这符合当时中国历史发展变化的需要。

刘邦在消灭异姓诸侯王的过程中，又陆续分封了九个同姓诸侯王。所以如此，除了时代条件之外，也是主观上接受秦亡教训的结果。刘邦君臣几乎一致认为秦朝之所以二世而亡，原因主要是"荡灭古法"，其中当然也包括了废除西周的分封制。

刘邦认为，秦帝国之所以二世而亡，与秦始皇没有对子弟实行分封有着很大的关系，这是赵高、李斯通过沙丘之变得以架空皇权、祸害国家、导致民变而秦王朝无力阻止的主要原因。有鉴于此，为了确保汉帝国统治秩序的长治久安，汉高祖刘邦把分封同姓诸侯王作为巩固皇权的重要补充手段。《史记·汉兴以来诸侯王年表序》说："天下初定，骨肉同姓少，故广强庶孽，以镇抚四海，用承卫天子也。"②《汉书·诸侯王表》中说："汉兴之初，海内新定，同姓寡少，惩戒亡秦孤立之败，于是剖裂疆土，立二等之爵。功臣侯者百有余邑，尊王子弟，大启九国。"③

至刘邦去世时，被封为诸侯王的刘氏子弟共有九个：

（1）荆王刘贾，为刘邦从父兄（即刘邦叔父之子），随

①　唐燮军、翁公羽著：《从分治到集权——西汉的王国问题及其解决》，第19页。
②　司马迁撰：《史记》卷17《汉兴以来诸侯王年表序》，第802页。
③　班固著：《汉书》卷14《诸侯王表》，第393页。

刘邦起事，在楚汉战争中，曾率兵入楚地，焚烧楚军积聚的粮贮，并参与垓下之战，诛项羽。汉高帝六年（公元前201年）十二月，刘邦囚禁韩信后，将楚"分其地为二国"，立刘贾为荆王，"王淮东五十二城"①。汉高帝十一年（公元前196年）英布叛时，刘贾被英布杀死。

（2）楚王刘交，为刘邦同父少弟。灭秦后被封为文信君，后与刘贾一起被封，为楚王，都彭城，王二十六县。

（3）齐王刘肥，为刘邦长庶男。高帝六年（公元前201年），在封刘交、刘贾之同时，"以胶东、胶西、临淄、济北、博阳、城阳郡七十三县"②封给刘肥，为齐王。

（4）代王刘喜及吴王刘濞。喜为刘邦次兄，原封为宣信侯。汉高帝六年（公元前201年）同前三人一起被封为王，"以云中、雁门、代郡五十三县"③立为代王。不久，匈奴伐代，刘喜弃国逃回洛阳，被刘邦废为郃阳侯。汉高帝十一年（公元前196年），刘邦立刘喜之子刘濞为吴王，"王三郡五十三城"④。

（5）淮南王刘长，为刘邦少子。汉高帝十一年（公元前196年），淮南王英布叛，刘邦立刘长为淮南王。

（6）赵王如意，刘邦子，为其宠姬戚夫人所生。汉高帝九

① 司马迁撰：《史记》卷17《荆燕世家》，第1994页。
② 班固著：《汉书》卷1《高帝纪》，第61页。
③ 班固著：《汉书》卷1《高帝纪》，第61页。
④ 司马迁撰：《史记》卷17《荆燕世家》，第1903页。

年（公元前 198 年），张敖被贬为宣平侯，另封如意为赵王。

（7）梁王刘恢，刘邦子。汉高帝十一年（公元前 196 年）刘邦诛彭越后，即以刘恢为梁王。

（8）淮阳王刘友，刘邦子。汉高帝十一年（公元前 196 年）被立为淮阳王。

（9）代王刘恒，刘邦子。汉高帝十一年（公元前 196 年）刘邦镇压陈豨后，立刘恒为代王。①

以上九王均系刘邦亲封。这样，当异姓诸侯王被逐个消灭的同时，同姓诸侯王又被一个个地分封。因此，西汉中央集权同地方割据势力之间的矛盾，并未得到彻底解决。汉高帝十二年（公元前 195 年），53 岁的刘邦死在长安之长乐宫，还没有来得及彻底完成加强中央集权历史的使命，只好待他的后继者们去完成了。

刘邦分封同姓诸侯王是从汉高帝七年（公元前 200 年）开始的，起因是前一年田肯的建议。汉高帝六年（公元前 201 年）十二月，刘邦以"伪游云梦"之计擒韩信，开始了大规模翦除异姓诸侯王的行动。这时，刘邦帐下一个名叫田肯的谋臣一面向刘邦恭贺诱擒韩信的胜利，一面建议封王子弟到齐国，以便在大汉帝国的东翼建立与汉中央政府遥相呼应的封国，以巩固中央集权的统治。他劝刘邦说：

---

① 参见林剑鸣著：《秦汉史》，上海人民出版社 2003 年版，第 262—263 页。

陛下得韩信，又治秦中。秦，形胜之国，带河山之险，悬隔千里，持戟百万，秦得百二焉。地势便利，其以下兵于诸侯，譬犹居高屋之上建瓴水也。夫齐，东有琅邪、即墨之饶，南有泰山之固，西有浊河之限，北有渤海之利。地方二千里，持戟百万，县（悬）隔千里之外，齐得十二焉。故此东西秦也。非亲子弟，莫可使王齐矣。①

大概这位在《史记》《汉书》中仅露过一次面的田肯所提建议与刘邦所想所虑深相契合，他立即便得到刘邦五百斤黄金的重赏。虽然田肯在这里所建议的只是王齐的人选，但却开启了刘邦大封同姓诸侯王的先河。自此以后，刘邦在消灭异姓诸侯王的同时，陆续分封了九个同姓诸侯王国及一百多个功臣和王子侯国。这九个诸侯王国都分布于关东地区。其大致情况是：

自雁门以东，尽辽阳，为燕、代。常山以南，太行左转，度河、济，渐于海，为齐、赵。榖、泗以往，奄有龟、蒙，为梁、楚。东带江、湖，薄会稽，为荆、吴。北界淮濒，略庐、衡，为淮南。波汉之阳，亘九嶷，为长沙。诸侯比境，周匝三垂，外接胡越。天子自有三河、东郡、颍川、南阳，自江陵以西至巴蜀，北自云中至陇西，与京师内史凡十五郡，公主、列侯颇邑其中。②

---

① 司马迁撰：《史记》卷8《高祖本纪》，第382—383页。
② 班固著：《汉书》卷14《诸侯王表第二》，第393—394页。

然而，历史的发展总是"事与愿违"，本来，刘邦分封同姓诸侯王是为了作为汉朝中央的辅弼，以有效地巩固皇权统治的，但后来却几乎都走到了反面，成为中央集权新的障碍。下面稍微加以说明：

荆王刘贾，是刘邦叔父的儿子，既是同宗兄弟，又是少年朋友。大概在刘邦丰沛起事之时，他就成为一名坚定的追随者。汉高帝元年（公元前 206 年），在他随刘邦还定三秦的时候，被任命为将军。他率兵平定塞王司马欣封地以后，又随刘邦东出函谷关，参加对项羽的作战。汉高帝三年（公元前 204 年），他奉刘邦之命，率步兵二万，骑数百，自白马津（今河南滑县境）南渡黄河，迅速深入楚军后方，往来游击，"烧其积聚，以破其业，无以给项王军食"。待楚军主力前来围剿，"贾辄避不肯与战，而与彭越相保"①。这种避实击虚、机动灵活的游击战术，大大牵制了楚军西进的力量，为改变楚汉战争前期楚强汉弱的形势作出了很大的贡献。汉高帝五年（公元前 202 年），刘邦率汉军主力追击楚军至固陵（今河南太康南），刘贾奉命率军渡过淮河，围寿春（今安徽寿县），使人招降楚大司马周殷，然后与英布一起率九江兵北上，参加了最后围歼楚军的垓下之战。项羽集团灭亡以后，刘贾又奉命与太尉卢绾一起南击拒不投降的临江王共尉（共敖之子），平定该地，

---

① 班固著：《汉书》卷 35《荆燕吴传》，第 1899 页。

设立南郡（今湖北江陵）。刘贾因战功卓著，又与刘邦同宗，因而在汉高帝六年（公元前201年）一月被立为荆王，以故东阳郡、障郡、吴郡五十三县为封地。六年之后，汉高帝十二年（公元前195年），淮南王英布反叛，首先东向进攻刘贾的荆国。刘贾率军抵抗，败退至富陵（今江苏洪泽境），为英布兵所杀，从此国除。刘贾作为刘邦与异姓诸侯王斗争的牺牲品，实际上在对异姓诸侯王的斗争中尽了自己的一份力量。因为当时汉中央政权与异姓诸侯王的矛盾占据主导地位，刘贾与汉中央的矛盾还没有显现他就死了。应该说，在刘氏宗室中，刘贾并非等闲之辈。在楚汉战争中他曾统率一支军马单独作战，取得不少胜利，表现出不凡的军事才干。然而，在英布的攻势面前，他似乎丧失了昔日的战斗能力，一败之后就再也没有恢复过来，很快身死国灭。究其原因，一是英布的军事谋略显然比他高明，又采取了突然袭击的战法，使刘贾仓促应战，来不及充分准备。二是刘贾做了诸侯王后，大概一直耽于享乐，对同异姓诸侯王的斗争缺乏清醒的认识，思想上、军事上放松了戒备，因而难以逃脱失败的命运。

代王刘仲，名喜，是刘邦的二兄。《史记》《汉书》中找不到多少关于他的记载。此人既无政治才干，又乏军事谋略，只是凭借与刘邦的血缘关系，于汉高帝六年（公元前201年）一月被立为代王，封地为北部边陲的云中、雁门、代郡五十三县。事实证明刘邦对刘仲的封赏是个错误。当时，汉王朝刚刚建立，乘秦汉之际的混乱而势力膨胀的匈奴正对北部长城一线虎视眈眈。封为代王的人选应该在资历、声望和才能方面都是出类拔萃之辈，才能应付当时当地的复杂局面。刘仲既非合适的人选，刘邦又未能配备一个如曹参之类的智能之士做他的辅佐，这就注定了他失败的命运。同年，匈奴进攻代国，刘仲一战即溃，弃国间道逃回洛阳。刘邦念兄弟之情，没有杀他，只是削去王位，另封为郃阳侯，在平静的生活中于惠帝二年（公元前193年）死去。汉高帝十一年（公元前196年）春，刘邦攻破反叛的陈豨军，平定代地，封子刘恒为代王。刘恒为薄姬所生。他在代王的位置上度过十七年的岁月，因为地处偏僻且低调，在吕后当国时期保住了自己的爵位和生命。吕后八年（公元前180年），吕后病死，周勃、陈平等共定谋，诛杀诸吕，迎代王刘恒继皇位，是为汉文帝。

楚王刘交是刘邦的同父异母弟，是刘邦兄弟四人中年龄最小的一个。也许是由于父母特别疼爱，抑或是由于其时家庭经济条件比较优裕，刘交在他们兄弟四人中受到了当时最好的教育。史书记载他年少时好读书，"多材艺"，曾与鲁国儒生穆生、白生、申公等同受《诗》于浮丘伯，因而有着较高的文化修养。丰沛起事以后，刘交一直跟随刘邦南征北战，立下显著功劳。灭秦以后，被刘邦封为文信君，又随刘邦入汉中，参加了平抚巴蜀的军事行动。接着，又随韩信等还定三秦，参加了楚汉战争的全过程。刘邦做皇帝后，他与卢绾一同担任刘邦的侍卫之臣。汉高帝六年（公元前201年），楚王韩信被废黜之后，刘交与刘贾分别被立为楚王和荆王。他的封国据有砀郡、薛郡、郯郡三十六县之地，大体相当于今之苏、鲁、皖交界处。刘交就国后，以自己昔日的同窗好友穆生、白生、申公为中大夫，说明这位诸侯王十分重视儒学。吕后当政时，他的老师浮丘伯在长安，他于是又遣自己的儿子刘郢客与申公同去长安浮丘伯门下学习。后来，申公成为经学大师，文帝时为博士。他为《诗》作传，是《鲁诗》的创始人。刘交自幼好《诗》，在其影响下，他的几个儿子也都用功读《诗》。他也曾为《诗》作传，号曰《元王诗》。刘交为王二十三年死去，其子郢客袭位，四年后亦死去。他的儿子刘戊袭位。景帝时，刘戊参与刘濞发动的七国叛乱，兵败自杀。宣帝时，袭王位的刘延寿因谋反被废黜，国除。

齐王刘肥是刘邦最年长的儿子，其母是刘邦做亭长时的"外妇"曹氏。汉高帝六年（公元前201年）立为齐王，"食七十城，诸民能齐言者皆予齐王"①。由于齐国占地广阔，土地肥沃，又兼鱼盐工商之利，刘邦对其治理特别重视，特派曹参为相国，全面负责齐国的军国大计。曹参在齐国，最早推行"黄老之治"，使其政治、经济都走上稳定发展的轨道。在平定异姓诸侯王和反击匈奴的斗争中，齐国之军成为汉中央重要的辅助力量。在刘邦、吕后当国的二十多年中，齐国一直是汉政权在东方的重要屏障。惠帝二年（公元前193年），刘

---

① 司马迁撰：《史记》卷52《齐悼惠王世家》，第1999页。

肥入朝，"帝与齐王燕饮太后前，置齐王上坐，如家人礼。太后恐，乃令人酌两卮鸩酒置前，令齐王为寿。齐王起，帝亦起，欲俱为寿。太后怒，自起反卮。齐王怪之，因不敢饮，阳醉去。问知其鸩，乃忧，自以为不得脱长安"。因一件生活礼仪上的小事，几乎送掉性命，刘肥算是明白了自己的处境。这时，他的内史勋献计说："太后独有帝与鲁元公主，今王有七十余城，而公主乃食数城。今王诚以一郡上太后为公主汤沐邑，太后必喜，王无患矣。"①齐王依计而行，不仅献出了城阳郡（今山东济宁、菏泽一带）作为鲁元公主的汤沐邑，而且尊这位年龄小于自己的妹妹为王国的太后。这一招果然讨得了吕后的欢心，刘肥得以安然脱身返国。刘肥于汉惠帝六年（公元前189年）死去。其子孙世袭齐国。后齐国的封域逐渐被分割出许多诸侯国，刘肥的儿子中共有九人为王。其次子刘章在吕后时被封为城阳王，他孔武有力，后来在诛杀诸吕的事件中起了重要作用。直至文帝十四年（公元前166年），齐王一脉因绝嗣而国除。

赵王刘如意，是刘邦最宠爱的戚姬所生之子。汉高帝九年（公元前198年）赵王张敖被废黜以后，封为赵王。刘邦晚年，明白戚姬与吕后不睦，虑及自己百年之后吕后不放过赵王，特任命耿介敢言的周昌为王国相，加以辅佐保护。汉

① 班固著：《汉书》卷38《高五王传》，1987—1988页。

高帝十二年（公元前195年），刘邦死去，吕后即将赵王征召至长安，残酷地加以鸩杀。

淮阳王刘友，为刘邦姬妾所生子。汉高帝十一年（公元前196年）立为淮阳王。第二年赵王刘如意被杀以后，他被吕后徙封为赵王。吕后为了控制他，"以诸吕女为后"[①]。但刘友不爱吕后强行为他安排的王后而爱其他姬妾，致使他与吕氏王后的矛盾越来越尖锐。立王十四年后，吕氏王后怒而赴长安向吕太后进谗言说："王曰：'吕氏安得王！太后百岁后，吾必击之。'"吕后一怒之下，将刘友召至京师，"置邸不见，令卫围守之，不得食。其群臣或窃馈之，辄捕论之"[②]。刘友饥饿难忍，就用自己编的一首歌抒发胸中的愤懑：

> 诸吕用事兮，刘氏微；迫胁王侯兮，强授我妃。我妃既妒兮，诬我以恶；谗女乱国兮，上曾不寤。我无忠臣兮，何故弃国？自快中野兮，苍天与直！于嗟不可悔兮，宁早自贼！为王饿死兮，谁者怜之？吕氏绝理兮，托天报仇！[③]

几天之后，这位敢于违抗吕后意旨的刘姓王就饿死在守卫森严的王邸。诸吕覆灭之后，文帝珍惜手足之情，立刘友之子刘遂为赵王。景帝当国时，刘遂因参与以吴王刘濞为首

---

① 司马迁撰：《史记》卷9《吕太后本纪》，第403页。
② 班固著：《汉书》卷38《高五王传》，1989页。
③ 班固著：《汉书》卷38《高五王传》，1989页。

的叛乱，身死国除。

梁王刘恢，也是刘邦姬妾所生的儿子。汉高帝十一年（公元前196年），梁王彭越被诛杀以后，刘邦立刘恢为梁王。赵王刘友幽死之后，吕后又徙刘恢为赵王。吕后为控制刘恢，以吕产之女为其王后。这位王后携一批从官，把持后官，干预王国之政，限制国王的行动。刘恢有一爱姬也被王后鸩杀。刘恢与刘友一样，只能以诗歌排遣自己的苦闷，不久就自杀了。吕后认为刘恢以妇人之事而死，太没出息，决定不立继嗣，由是国除。

燕王刘建，也是刘邦姬妾所生子。汉高帝十一年（公元前196年），燕王卢绾叛逃匈奴。第二年，刘建被立为燕王。吕后七年（公元前181年）去世。他只有一个美人生下的儿子，被吕后杀死，绝嗣国除。

淮南王刘长，是刘邦与赵王张敖的美人所生的儿子。汉高帝八年（公元前199年），刘邦经赵国北上伐匈奴，赵王张敖将自己的美人献给刘邦。有身孕后，正碰上赵国贯高等谋反事发，美人与赵王等一起被系囚长安。美人曾通过吕后，希望将自己即将为刘邦产子一事告诉刘邦，妒意大发的吕后自然加以拒绝。不久，美人产下儿子，因得不到刘邦的礼遇愤而自杀。狱吏将婴儿抱给刘邦，刘邦追悔莫及，令吕后抚育之，并厚葬其母。汉高帝十一年（公元前196年），刘邦在击灭淮南王英布以后，立刘长为淮南王，以九江、庐江、衡山、豫章四郡为封地。刘长因早年失母，为吕后养大，与她关系亲近，因而在吕后当国时得以保全。刘长稍长，"有材力，力能扛鼎"①，知其母曾求辟阳侯审食其沟通与吕后和刘邦的联系，但审食其未在吕后面前力争，致使其母惨死。他怨恨审食其，常寻机报复。吕后在世时，未敢发。"及孝文帝初即位，淮南王自以为最亲，骄蹇，数不奉法。上以亲故，常宽赦之"②。文帝三年（公元前177年），刘长入朝，径直往见审食其，以袖中所藏金锥猛刺，同时命随从一齐动手，将其杀死。之后立即"肉袒"至文帝前谢罪说：

> 臣母不当坐赵事，其时辟阳侯力能得之吕后，弗争，罪一也。赵王如意子母无罪，吕后杀之，辟阳侯弗争，罪二也。吕后王诸吕，欲以危刘氏，辟阳侯弗争，罪三也。臣谨为天下诛贼臣辟阳侯，报母之仇，谨伏阙下请罪。③

这种为报私仇而无视国家法律的行为理应治罪。但是，此时的审食其已失去吕后这样的靠山，汉文帝对他又没有什么好感，刘长的罪过自然是得到了赦免。然而，刘长并不知收敛自己的行为，他"归国益骄恣，不用汉法，出入称警跸，称制，自为法令，拟于天子"④。作为兄长，文帝不好对刘长

---

① 司马迁撰：《史记》卷118《淮南衡山列传》，第3076页。
② 司马迁撰：《史记》卷118《淮南衡山列传》，第3076页。
③ 司马迁撰：《史记》卷118《淮南衡山列传》，第3076页。
④ 司马迁撰：《史记》卷118《淮南衡山列传》，第3076页。

过于责备，就让做将军的舅舅薄昭作书劝谏。书中，薄昭历数文帝对刘长的厚德，同时严肃指出他的横行不法，正使自己处于"八危"之境：

> 夫大王以千里为宅居，以万民为臣妾，此高皇帝之厚德也……大王不思先帝之艰苦，日夜怵惕，修身正行，养牺牲，丰洁粢盛，奉祭祀，以无忘先帝之功德，而欲属国为布衣，甚过。且夫贪让国土之名，轻废先帝之业，不可以言孝。父为之基，而不能守，不贤。不求守长陵，而求之真定，先母后父，不谊。数逆天子之令，不顺。言节行以高兄，无礼。幸臣有罪，大者立断，小者肉刑，不仁。贵布衣一剑之任，贱王侯之位，不知。不好学问大道，触情忘行，不祥。此八者，危亡之路也，而大王行之，弃南面之位，奋诸、贲之勇，常出入危亡之路，臣之所见，高皇帝之神必不庙食于大王之手，明白。①

书中最后要求刘长上书文帝"谢罪"，以求得到皇帝的宽宥。然而，刘长得书不仅毫无悔过之意，反而加快了谋反的策划。文帝六年（公元前174年），刘长指使部下，勾结闽越、匈奴，欲发动反叛朝廷的军事行动，事未发而败露，文帝遣使将刘长召至长安。丞相张苍、典客冯敬等五府联合对刘长一案进行审判，认为他"废先帝法，不听天子诏，居处无度，

---

① 班固著：《汉书》卷44《淮南衡山济北王传》，第2138页。

为黄屋盖拟天子，擅为法令，不用汉法"，而且谋反有据，并抗拒朝廷的查讯，"长所犯不轨当弃市，臣请论如法"①。文帝碍于兄弟情分，决定免其一死，废除其王位，放逐蜀地严道邛邮（今四川荣经西南）。刘长在放逐途中，于雍县（今陕西凤翔）绝食而死。后来，文帝又立刘长的三个儿子为诸侯王，分王淮南故地。景帝时，因谋叛逆，身死国除。

吴王刘濞，是刘邦兄刘仲之子。汉高帝十一年（公元前196年）秋，刘邦亲征淮南王英布时，二十岁的沛侯刘濞以骑将随军出征。他英勇善战，击破英布军于蕲西。其时荆王刘贾已为英布军杀死，无子嗣爵。刘邦认为吴、会稽等东南诸郡民风彪悍，不立一个壮年王子于此地不易镇抚。因为自己的儿子此时大都年少，就决定封刘濞为吴王，王三郡五十三城。刘濞受印后，刘邦召见他，发现他有"反相"，就抚摸着他的背告诫说："汉后五十年东南有乱者，岂若邪？然天下同姓为一家也，慎无反！"刘濞叩头于地说："不敢。"孝惠、高后时，国内安定，吴国招致天下亡命之徒，开发豫章铜矿，铸造钱币，又煮海水为盐，"以故无赋，国用富饶"②。文帝时，吴王太子刘贤来京城，在与皇太子饮酒赌博时发生冲突，被皇太子杀死。从此，吴王对朝廷心存不满，称病不朝。后来，由于文帝对他一直采取优容政策，双方矛盾没有激化。

---

① 班固著：《汉书》卷44《淮南衡山济北王传》，第2141页。
② 司马迁撰：《史记》卷106《吴王濞列传》，第2821、2822页。

景帝即位后，御史大夫晁错坚决主张削弱诸侯王的权力。他上书景帝说：

> 昔高帝初定天下，昆弟少，诸子弱，大封同姓，故王孽子悼惠王王齐七十余城，庶弟元王王楚四十余城，兄子濞王吴五十余城：封三庶孽，分天下半。今吴王前有太子之郤，诈称病不朝，于古法当诛，文帝弗忍，因赐几杖。德至厚，当改过自新。乃益骄溢，即山铸钱，煮海水为盐，诱天下亡人，谋作乱。今削之亦反，不削之亦反。削之，其反亟，祸小；不削，反迟，祸大。[1]

晁错的削藩建议使吴王刘濞等找到了反叛的借口。景帝三年（公元前154年）正月，吴王刘濞纠合楚、胶西、胶东、淄川、济南、赵等封国，发动了大规模的武装叛乱。此时的刘濞已决定孤注一掷，他下令国中说："寡人年六十二，身自将。少子年十四，亦为士卒先。诸年上与寡人比，下与少子等者，皆发。"[2]起兵二十万，并诱使东越与之共同行动。一时声势浩大，给汉中央政权造成很大的威胁。但是，由于七国的叛乱违背历史潮流，不得民心，仅三个月即被汉中央政府讨平，刘濞也落了个身死国除的可悲结局。

上面所记述的刘邦分封的这些同姓诸侯王国，大体上包

---

① 司马迁撰：《史记》卷106《吴王濞列传》，第2825页。
② 司马迁撰：《史记》卷106《吴王濞列传》，第2827页。

括了今日中国的辽宁、河北、山西北部，山东、江苏、安徽、河南东部，浙江、江西、湖南、湖北东部，遍布长江、黄河中下游的大部分地区。其时，汉中央政府直接控制的地区只有关中、巴蜀以及今之河南、湖北、山西的一部分。如果说，刘邦剿灭异姓诸侯王显示了唯我独尊的皇权对异姓诸侯王的天然排斥的话，那么，与诛灭异姓诸侯王几乎同时进行的对同姓诸侯王的分封则是基于对同一血统的无限信任，同时，更是刘邦"惩戒亡秦孤立之败"教训的结果。由于秦始皇没有实行分封兄弟子侄为诸侯王的措施，使得皇权处于孤立无援的境地。当权臣专擅权力，地方无力起而平衡；而当地方发生民变，秦王朝也不能迅速而有效地加以剿灭。在刘邦看来，分封自己的兄弟子侄为诸侯王，一面使他们继承相应的财产权力，各有归宿，以维系刘氏宗室贵族内部的协和与团结；另一方面又可使诸侯王国与郡县交叉分布，与郡县相制衡，构成对皇权的有力藩屏。中央和地方互为犄角，内外配合，就可以及时扑灭反叛，从而维护汉政权的长治久安。应该承认，西汉初年，这些诸侯王国的确起到了拱卫汉中央与巩固皇权的有效作用。正如班固所指出的："高祖创业，日不暇给，孝惠享国又浅，高后女主摄位，而海内晏如，亡狂狡之忧，卒折诸吕之难，成太宗之业者，亦赖之于诸侯也。"①

---

① 班固著：《汉书》卷 14《诸侯王表》，第 393、934 页。

汉初历史表明，王国初封之时，大部分诸侯王年龄尚小，权柄基本操在刘邦派出的担任傅相的元勋大臣手里，所以他们与中央政府的矛盾尚不十分尖锐，在一些基本问题上尚能保持一致。在平定异姓诸侯王、诛除诸吕和反击匈奴的斗争中，各诸侯国都听从号令，遣将派兵，协助中央政府作战，起了一定的藩屏作用。客观事实也表明，假如没有刘氏诸侯王的牵制与对朝中权力的有效平衡，吕后专权时代的刘氏江山很可能就会变色。或者陈平、周勃诛灭吕氏势力后因为没有地方力量的牵制，秦王朝二世时期的赵高、李斯专权局面也可能再现。成功的政治是各方利益平衡妥协的结果，是各方利益和利害博弈的结果。在政权中，任何一方势力独大都不是皇权稳固与中央集权之福。至于后来随着诸侯王国经济、军事实力的发展，进而越来越构成对西汉中央集权的严重威胁，"然诸侯原本以大，末流滥以致溢，小者淫荒越法，大者睽孤横逆"①，这种情况周王朝也已经有前车之鉴。作为一个成功的政治家，在国家治理中需要展望未来，但更需要脚踏实地，具体问题具体分析，谨慎坚决做好眼下的事情，刘邦不可能因为后来可能出现问题就投鼠忌器地彻底废除分封。虽然西汉中期发生了吴楚七国之乱，但这时汉帝国政权已经得到彻底的巩固，应对与化解地方分权风险似乎并不十分困难。事实证明，经过

---

① 班固著：《汉书》卷 14《诸侯王表》，第 395 页。

汉景帝的平叛战争以及汉武帝时期一系列限制、打击诸侯王的法律和政策的出台，武帝以后，诸侯王占地不过一郡，王国主要官吏一律由中央任免，他们失去直接统兵治民的权力，变成了衣食租税的大贵族地主，根本无力与朝廷相抗衡，这说明刘邦在西汉初期实行郡县与诸侯国分封并行制度的治理是成功的。因此，刘邦创立的郡县与分封双轨制也大体上为以后的一些历代新兴王朝在不同程度上加以继承。虽然这个制度会造成割据称雄的藩王，会给皇权的稳定在某个时间段带来麻烦，但最终帝制时代却基本上延续下来。其实原因很简单，防止秦王朝赵高、李斯那样祸乱皇权与中央政府需要地方力量的制约权力；作为皇室贵族权力和财产再分配的一种制度，在汉初还有它赖以存在的土壤。

实际上，刘邦在分封同姓诸侯王的同时，也采取过一系列的措施，对有可能出现的问题也尽量作了制度上的防范。这主要表现在：

（1）在分封同姓诸侯王之时，特意调整各诸侯王国之间的边界，使之呈现出犬牙交错之势，以预防诸侯王利用山川自然形势割据自立。

（2）在政治上采取一系列措施控制诸侯王国。如诸侯王必须定期到都城觐见皇帝；诸侯王不得任意支配封土、再行分封，凡是涉及宗法承袭大事，都必须由中央进行决定；诸侯王国必须在每年年终向中央政府汇报本年王国的一切大事；诸侯王国的丞相必须由中央政府任命，诸侯王不得自置。

（3）在军事上，诸侯王国虽有军队，但掌控权实际在王国丞相之手，且调兵遣将需中央调兵虎符合验。

（4）经济上规定诸侯王国必须定期向朝廷"献费"。

虽然仅就制度而言，分封制较之集权制确实是历史的倒退，但从汉初形势来看，推行分封制确有其必要。当汉朝建立之初，异姓诸侯王们各据其掌控之地，形成事实上的割据局面，刘邦对这种局面的承认，实际上起了稳定新政权的作用。不过，随着帝国政局的日趋稳定，异姓诸侯王国这种实际上的地方割据势力的存在，显然为帝制国家中央集权体制所无法容忍。从这个意义上可以说，消灭异姓诸侯王是刘邦强化中央集权政治的必然选择和必由之路。我们固然可以对曾与刘邦出生入死、并肩作战并协助其打败项羽成就霸业的诸侯王们不久就接踵而亡的命运表示同情，但是，鉴于历史发展趋势并非任何个人所能阻挡，因而刘邦铲除异姓诸侯王的举措无可厚非。从当时双方的力量对比来看，刘邦直控区的人口比诸侯王控制区多出将近一百万，虽然在领土面积上少于诸侯王控制地，却由于占据了富庶的关中地区，据有秦统一六国时的有利形势，再加上他战略运用得当，故而取得最后的胜利也在情理之中。

刘邦在渐次剪除异姓诸侯王的过程中，又大封同姓子弟为王，他的这个决策，同样是当时的战略需要、刘邦家天下的观念及其对功臣集团极度不信任等诸多因素合力作用下的产物，这个产物的出现，其实是对皇权的异化。以刘邦在皇族中的地位和影响，同姓诸王是无法撼动其专制统治地位的，尽管刘邦也曾意识到分封可能带来的负面影响，但分封同姓诸侯王的积极意义在当时远远大于消极影响。应该说，汉初的分封制是对郡县制的一种有益补充，在皇帝拥有绝对权威地位时，分封制对皇权不仅不会构成威胁，相反还会对专制皇权起到强化的作用。①

汉高祖刘邦在位年间，以其开国皇帝的绝对权威，加上年龄、辈分、能力、经验等各方面的压倒性优势，对付那些由他分封的同姓诸侯王可谓绰绰有余，故而给予同姓诸王较大的权力。与此同时，他又为防范有可能出现的叛乱局面，在制度上对诸侯王颇加限制，从刘邦及惠帝时期看，刘邦的上述措施是成功的。

另外，西汉建国以后，刘邦除了分封同姓诸侯王之外，还论功行赏，从汉高帝五年（公元前202年）到汉高帝十二年（公元前195年），七八年间，一共封了一百四十七个侯（加上外戚及王子侯六人，共一百五十三人）②。战国至秦以来，封爵制度已经深入人心，成为各国社会阶层上下流动、人才选拔制度逐步完善的有效保障。刘邦分封功臣正是适应了这一历史发展的政治需要。

---

① 参见唐燮军、翁公羽著：《从分权到集权——西汉的王国问题及其解决》，浙江大学出版社2012年版，第262—263页。

② 安作璋、刘德增著：《汉高帝大传》，中华书局2006年版，第214页。

　　总之,我们应该看到,汉高祖刘邦的郡县与分封双轨制度是一种适合当时历史客观需要的政治智慧。汉初韩信、彭越、英布等功臣战将虎视眈眈,刘邦死后吕后又大肆屠戮刘氏宗室,周勃诛灭吕氏后大权独揽,如不是分封制度的制约,秦二世时期的权臣祸国现象很可能就会再次发生,汉帝国也会因此而夭亡。虽然,刘邦分封对汉王朝初中期政治秩序的稳定造成了一定的影响,先后发生了诸侯王的一些叛乱现象,但中央政府处理起来不会感到无法克服。历史总是在曲折中前进的,直线式的政治设计只能是后世学者一种主观美好的臆想,并不是一个顺势而为政治家成功的保障。汉景帝时期七国之乱的平定和诸侯王权力的削弱,基本纠正了刘邦实行诸侯王制度所产生的弊病,进一步加强了中央集权制度。到汉武帝时期,通过颁布推恩令,将诸侯王的权力进一步分散。在时机完全成熟的条件下,中央政府把行政区划体制又恢复到原来秦始皇制定的单一郡县制框架中来。这之后,汉代才最终完全消化了秦代的郡县设置。

第六章　剪除异姓诸侯王斗争

　　刘邦在楚汉战争中分封异姓诸侯王，一方面是受到反秦战争时期所形成的时代氛围的影响，另一方面则是为了全力对付项羽的需要。全国统一以后，刘邦很快发现这些异姓诸侯王是妨碍国家统一与中央集权的最大不稳定因素，于是便很快开始了诛灭他们的斗争。在斗争过程中，刘邦不急不躁，娴熟地运用智取和强取相结合的办法，采取各个击破的策略，用较小的代价，比较顺利地解决了汉初这一影响全局发展的重大问题。但是，在消除异姓王势力的同时，刘邦又大封其同姓子弟为王。因此，加强中央集权彻底解决地方"离心"的历史任务，在刘邦统治时代并没有彻底完成。

一、汉初异姓诸侯王简况

自西汉政权诞生之日起，直到汉高帝十一年（公元前196年）刘邦病死，在六七年的时间内，刘邦为首的西汉中央政权同异姓诸侯王之间的统一与割据之间的矛盾和斗争，构成了时局的主要内容，是汉初治国理政的重要一部分。这一斗争的实质是统一的中央集权的国家政权同地方割据势力之间的斗争。在此期间，刘邦所代表统一国家政权削除异姓诸侯王的斗争，为西汉政权的进一步统一、巩固打下了坚实的基础。

秦统一中国后，在全国推行郡县制，建立了以皇权为核心的中央集权的国家政权，结束了春秋战国以来的割据与动乱状态，这是历史的重大进步。但是，在楚汉战争中，刘邦为争取同盟军，笼络一些有实力的将领，共同击灭项羽，曾被迫或自愿地分封了几个诸侯王。在刘邦称帝以后，正式定封爵，序二等，大者王，小者侯，其中封功臣侯者百余人。封异姓王者，在刘邦统治时代共有七位：

（1）楚王韩信。韩信是诸侯王中对统一政权最大的一个威胁，在楚汉战争中，刘邦同意他称齐王，已属不得已而为之，故消灭项羽后即夺其军。但当时毕竟师出无名，不便锄诛，只得改封为楚王，王淮北，都下邳（江苏宿迁西北），以借此削弱其实力。

（2）赵王张敖。汉高帝四年（公元前203年），刘邦立张耳为赵王。五年（公元前202年）张耳死，子张敖嗣位。敖娶刘邦长女鲁元公主为妻。都襄国（河北邢台西南）。

（3）韩王信。故韩襄王后裔，名信。随刘邦入关，至汉中，还定三秦。汉高帝二年（公元前205年）立为韩王，后降楚，又归汉。高帝五年（公元前202年）立为韩王，王颍川（治所在今禹县）。

（4）梁王彭越。汉高帝五年（公元前202年）封，都定陶。

（5）淮南王黥布。原为楚将，曾受项羽封为九江王，汉高帝四年（公元前203年）七月被刘邦封为淮南王。

（6）燕王臧荼。原为项羽所封，后降汉，刘邦仍立其为燕王，都蓟（今北京西南）。汉高帝五年（公元前202年），臧荼反被俘虏后，立卢绾为燕王。

（7）长沙王吴芮。项羽曾封其为衡山王，后又夺其地，刘邦称帝后复吴芮长沙王，都临湘（今湖南长沙）。

这些异姓诸侯王占据着大片土地，拥有着相对独立的军事政治势力，俨然独立王国，他们被分封，大多是"徼一时之权变，以诈力成功，咸得裂土，南面称孤，见疑强大，怀不自安"[①]。所以刘邦对他们不能不时刻加以戒备，一旦有机会就要削夺他们的兵权。而他们之中多数怀自危之心，也在随时准备反叛。这就必然导致地方割据势力同中央集权之间

---

① 班固著：《汉书》卷34《韩彭英卢吴传》，第1895页。

矛盾的尖锐化，诸侯王的存在成为汉帝国中央集权和国家统一的严重障碍。在这样的形势下，以刘邦为代表的中央政权同各个诸侯国之间的斗争已经不可避免。

二、与异姓诸侯王的斗争

汉初在诸侯王中，最先公开反叛的是燕王臧荼。时在汉高帝五年（公元前 202 年）七月，臧荼首先叛汉。他原系故燕国大将，后被项羽封为燕王，在楚汉战争中，虽迫于形势曾助汉击楚，但对于出身平民的刘邦称帝并不心服。所以，刘邦刚刚登上帝位，他就举兵反叛。刘邦亲率卢绾、宣虎、刘钊、程黑、魏敕、季必、朱濞等人统兵征伐。大兵一至，叛军顷刻瓦解。九月，叛乱彻底失败，臧荼被俘。

臧荼的叛乱，反映了诸侯王的割据势力同汉王朝中央政权绝不能两立。刚刚当上皇帝的刘邦，实际上已经充分认识到这一点。但他是一个成熟的政治家，考虑问题多从战略角度出发，他认为此时如果立刻削藩会引发其他异姓诸侯王的恐惧与其他势力的不安。在大规模削藩条件尚不成熟的情况下，刘邦在平定了臧荼叛乱之后，并没有立刻消灭燕国，而是"诏诸侯王视有功者立以为燕王"[1]，准备另立燕王。在刘邦

① 班固著：《汉书》卷1《高帝纪》，第 58 页。

的心目中，代替臧荼为燕王的人选早已确定，那就是卢绾。

　　刘邦选择卢绾继任燕王是有原因的。

　　卢绾与刘邦均为丰人，他俩不仅同里，而且是同日所生，自幼极为亲密。刘邦在沛县起事之前，曾被官府追捕，卢绾就忠实地追随在他的身边。刘邦率兵举事后，卢绾"以客从"，后封为太尉、将军。虽无赫赫战功，却被刘邦信任，封为长安侯，连萧何、曹参这些重臣亦不能不对其另眼相看。刘邦初即帝位时，本想封卢绾为王，但由于卢绾无显著战功，恐臣下不服，故未加封。这次平定臧荼叛乱，自然是难得的机会。群臣也已窥到刘邦的意图，于是"皆曰：'太尉长安侯卢绾常从平定天下，功最多，可王'"[1]。卢绾便被封为燕王。除掉臧荼，又扶植起卢绾，这表明燕国的问题并未彻底解决，但这正是刘邦极富有远见安抚其他异姓诸侯王的一着棋。

　　解决完臧荼问题，刘邦又将注意力集中在韩信的身上。刘邦对韩信的戒心，并未因将其改封楚地而稍减。恰值汉高帝六年（公元前201年）有人诬告韩信欲反，这就更坚定了刘邦诛锄韩信的决心。陈平献计让刘邦借口游云梦，趁韩信不备时擒拿。刘邦当即宣称游云梦，并率随从兵将向楚地进发。同时下诏要在楚国西界之陈地会诸侯。韩信闻刘邦将至，已猜出刘邦此行意图，"欲发兵，自度无罪，欲谒上，恐见擒"[2]。

　　① 班固著：《汉书》卷34《韩彭英卢吴传》，第1891页。
　　② 班固著：《汉书》卷34《韩彭英卢吴传》，第1876页。

但终于未敢发兵反叛，而是听从左右进言，当十二月刘邦至陈时，在谒见刘邦时以"人告公反"罪被捕获。此后，刘邦又将韩信改封为淮阴侯，居洛阳。

韩信一再被削地夺爵，知刘邦"畏恶其能"，对刘邦愈加不满，常称病不朝，羞与周勃、灌婴等为伍。韩信的不满和轻视刘邦的情绪，当然不可能不流露出来，如有一次在朝廷上议论各人的统兵能力时，韩信竟当面说刘邦："陛下不过能将十万"，而说自己"多多而益善耳"①。

韩信的不满情绪，不久就发展到谋反活动。阳复侯陈豨，是刘邦派往赵、代监军的相国。当他离开首都赴任之前，曾与韩信密谋：陈豨在边地起兵反汉，韩信从中响应配合。陈豨至代后，果然大量养士，积蓄力量，准备谋反。汉高帝十年（公元前197年）秋七月，刘邦之父太上皇死，召陈豨入朝，豨托病不至。九月，豨公开宣布反汉，自立为代王，劫略赵、代。刘邦闻讯，亲率兵征伐。韩信伪称病不从，待刘邦走后，立即依原计划准备响应陈豨。汉高帝十一年（公元前196年）春，韩信部署已定，不料被属下一舍人向吕后告发。吕后与萧何谋划，诈称陈豨叛乱已息，令朝臣入宫庆贺。韩信惊悉此讯，勉强入长乐宫，被吕后、萧何早已布置好的武士斩于长乐钟室。汉高帝十一年（公元前196年）冬，刘邦率军打败陈豨叛军。陈豨后投向匈奴，至汉高帝十二年（公元前195年）冬，为周

① 司马迁撰：《史记》卷92《淮阴侯列传》，第2628页。

勃所斩。当刘邦粉碎陈豨叛乱回到咸阳，听到韩信已死的消息时，刘邦心情是矛盾复杂的：对于这样一个曾为自己夺取江山而立有不朽之功的杰出将领，自不免有一点怀恋之情，又因彻底除掉一个威胁自己帝位的心腹之患而高兴，难怪他"闻信死，且喜且哀"①了。韩信被诛，正是汉初政权处于统一和分裂的岔路口，中央集权和地方割据两种势力进行激烈较量之时，客观而言，诛杀韩信，是当时政治形势发展的必然要求。

汉高帝七年（公元前 200 年）刘邦经过赵时，赵王张敖对刘邦执礼甚恭，但刘邦对其十分傲慢，"箕踞骂詈"，这使赵相贯高、赵午甚为不平。他们主张杀死刘邦以泄愤，张敖坚决不准。次年，刘邦击韩王信归而过赵，贯高等欲刺杀刘邦，未得下手。汉高帝九年（公元前 198 年），贯高的仇人向朝廷揭发贯高阴谋。刘邦下令将张敖及贯高、赵午等逮捕。至长安，贯高一口咬定谋反与张敖无关，虽被"榜笞数千，刺爇，身无完者"②，终不改口。最后，刘邦乃赦赵王，尚鲁元公主如故，然夺其国，改封为宣平侯。对于贯高，刘邦因尊崇其信义，乃免其罪。但贯高自己则以为替张敖辩白之责已尽，又有"篡弑之名"，无颜"事上"，遂自杀而死。这样，张敖的赵国也被罢废了。

---

① 班固著：《汉书》卷 34《韩彭英卢吴传》，第 1878 页。

② 班固著：《汉书》卷 32《张耳陈余传》，第 1839、1841 页。

在韩信尚未被杀前，另一个割据势力的代表——韩王信又投降了匈奴。

原来，韩王信被刘邦封在"北近巩、洛，南迫宛、叶，东有淮阳，皆天下劲兵处"[1]的韩国故地。汉高帝六年（公元前201年）春，刘邦却将太原郡改为韩国，令韩王信迁到这里，担任守备边境、阻挡匈奴的任务。这显然有排挤韩王信之意。韩王信至新封之地后，主动请求将距边境较远的国都晋阳（山西太原市南），改为距匈奴更近的马邑（山西朔州），得到刘邦批准。当年秋，韩王信至国，不久即被匈奴所困。他曾多次派人与匈奴联络，后被汉使得知，汉使回朝向刘邦报告。刘邦因而指责韩王信。韩王信见事已败露，即于高帝六年（公元前201年）九月索性公开投降匈奴，并同匈奴人联合向太原进攻。

刘邦闻韩王信叛变，就于十月亲自率军前往镇压，并在铜鞮（山西沁县南）大破叛军，斩其将王喜，韩王信逃往匈奴。其部将曼立臣、王黄等又收罗韩王信旧部，立六国时赵国贵族后裔赵利为王，与匈奴勾结，配合韩王信继续与汉王朝为敌。韩王信的叛逃，增加了匈奴对汉的威胁。但是，作为汉王朝属下的一个异姓诸侯王国，却从此消失了。

当刘邦率兵镇压陈豨时，曾令梁王彭越率兵参加。但彭越只派士卒去应付一下，自己却未去，这使刘邦大为不满，即派

---

① 班固著：《汉书》卷32《魏豹田儋韩王信传》，第1853页。

人向彭越问罪。彭越受到斥责，甚为恐惧，欲亲去谢罪。部将扈辄劝道："王始不往，见让而往，往即为禽（擒），不如遂发兵反。"[1]但彭越不听。适有梁太仆因犯罪而逃至朝廷，向皇帝揭发彭越与扈辄谋反。于是，刘邦派人将彭越逮捕，囚之于洛阳。经审讯，有司奏：彭越"反形已具"，应依法论处。所谓"反形已具"，只是因扈辄曾劝越反，越虽不反但亦未检举或诛杀扈辄，按照汉律属于谋反同罪。刘邦赦其死罪，削爵夺国贬为庶人，流徙至蜀青衣（治所在今四川名山北）。彭越带着伤感、委屈的心情从洛阳出发前往蜀地。在途中的郑（陕西华县东）恰遇到由长安来洛阳的皇后吕雉。彭越向吕后哭诉，表白自己决无反意，望吕后为其求情，让他归昌邑故里。当时，吕后慨然许诺，并将彭越带回洛阳，至洛阳后，吕后对刘邦说"彭越壮士也，今徙之蜀，此自遗患，不如遂诛之"[2]。刘邦欣然同意。吕后就指使彭越舍人诬告彭越又欲谋反，经廷尉奏请，于汉高帝十一年（公元前 196 年）三月，处彭越夷三族，并将其头高悬于市示众。

彭越被杀不久，汉高帝十一年（公元前 196 年）七月，淮南王英布（即黥布）举兵反汉。

原来，英布与彭越、韩信在楚汉战争中各领二万重兵。开始时，与刘邦之实力不相上下，后来才陆续归附汉王。刘

---

① 班固著：《汉书》卷 34《韩彭英卢吴传》，第 1880 页。

② 班固著：《汉书》卷 34《韩彭英卢吴传》，第 1881 页。

邦称帝后，此三人的命运紧密相连，可谓"一损俱损，一荣俱荣"。当汉高帝十一年（公元前196年）韩信被杀的消息传开时，英布即惶恐不安。未过三月，彭越又被杀。为杀一儆百，刘邦竟将彭越尸体制为肉酱，分别"赐"给各诸侯王。英布收到这一血腥的"赏赐"，惊惧万状，即部署军事力量，以备不测。适值其属下中大夫贲赫与英布幸姬有奸，被发觉。贲赫逃至长安，上告揭发英布谋反。英布闻贲赫已上告，遂族贲赫全家，发兵叛汉。消息传到长安时，刘邦正卧病在床。他欲令太子率兵前往镇压。经吕后劝说才决定带病亲自率军前往，而令张良佐太子留在都城。

英布初反时，曾预料刘邦年老患病必不能亲征，而汉军诸将中唯有韩信、彭越可与自己匹敌，现两人已死，故英布有恃无恐。英布率叛军渡淮，攻楚地，然后引兵而西。不料刘邦亲率汉军迎战，英布震惊。汉高帝十二年（公元前195年）刘邦与英布会战于蕲县西会缶乡，结果叛军大败，英布独与百余人进往江南。刘邦取胜后率兵回师，另遣别将追剿英布。后来，在洮水（广西全州北）又将英布残军击溃。英布逃至番阳，被当地人杀死。淮南王英布的叛乱，也以失败告终。

卢绾原与刘邦情同手足，又在臧荼被消灭后才被封为燕王的，但最后他也发展到公然叛逃的地步。当陈豨投向匈奴以后，燕王卢绾奉刘邦之命进击。在战争过程中，卢绾派至匈奴中的使者张胜，遇到陈豨派至匈奴求援的王黄。王黄劝张胜说服卢绾缓击陈豨。他指出：燕王卢绾得以幸存，皆因

"诸侯数反，兵连不决"①，一旦陈豨被灭，燕国也将难免被灭。不如与匈奴联合，缓攻陈豨以自保。张胜回来说动卢绾，与匈奴、陈豨等勾结，在战场上则连兵不决，敷衍刘邦。

汉高帝十二年（公元前 195 年）十二月，陈豨兵败被斩后，降将向刘邦揭发卢绾与陈豨勾结之事，刘邦即令人迎卢绾来朝。卢绾未敢前来，并对其左右说：非刘氏而王者，现在只剩我和吴芮二人，目前刘邦病重，吕后专以杀功臣及异姓王为事。刘邦得知卢绾言行，又探得卢绾属下之张胜果在匈奴中，断定"绾果反矣"②，于是，在汉高帝十二年（公元前 195 年）春二月，刘邦令樊哙、周勃率兵击卢绾。卢绾率家属及宫人逃离国都，至长城下观望，据称欲待刘邦病愈后入朝谢罪。但就在这一年四月甲辰，刘邦死于长乐官。卢绾得此消息后，遂逃往匈奴，被匈奴封为东胡卢王。一年以后死于匈奴。③

这样，到汉高帝十一年（公元前 196 年）刘邦去世时，先后分封的八个异姓王中，有七个被除灭。剩下来就只有一个地处南方的小国——以吴芮为王的长沙国了。这是因为吴姓长沙王势小力薄，又特别奉命唯谨，对中央政权不构成威胁罢了。显然，这是刘邦在称帝以后为巩固和加强汉王朝的统治所采取的重大措施，也是他的治理贡献，是当时汉帝国统治

---

① 班固著：《汉书》卷 34《韩彭英卢吴传》，第 1892 页。
② 班固著：《汉书》卷 34《韩彭英卢吴传》，第 1893 页。
③ 参见林剑鸣著：《秦汉史》，上海人民出版社 2003 年版，第 254—262 页。

者治国理政必须采取的措施。不管扫灭这些诸侯王出于什么借口、某些做法看起来多么残酷无情，而其中有些诸侯王又是如何地备受冤枉，但站在国家的立场来看，刘邦对他们的诛灭仍然是应该加以肯定的。因为这些诸侯王都是在楚汉战争的特殊历史条件下形成的，他们占地广阔，抚民众多，其中有些人野心勃勃，他们利用手中的权势和财富招降纳叛，招兵买马，形成了颇具实力的政治军事割据集团，对汉王朝中央政权产生了巨大的离心力，严重威胁着汉王朝的安全。如不适时剪除而任其发展，后果将不堪设想。

在持续六七年的诛除异姓诸侯王的斗争中，充分显示了刘邦的远见、智谋、策略和能力。

在消灭异姓诸侯王的斗争过程中，对于力量最大的韩信和彭越，以及力量较小的张敖，刘邦都采取了智取的办法，基本上没有动武就解决了问题。其他臧荼、卢绾、韩王信，因地处边陲，背靠匈奴，不得不动用武力，虽然费了一些周折，问题解决得不够顺利和彻底。但真正动用武力，使用规模较大的战争手段解决问题的，只有一个英布。

由于当时这些异姓诸侯王的封地合起来比汉王朝直辖郡县的面积还要大，大多数又拥有较强的军事力量，其中且不乏韩信、彭越那样的军事干才，完全动用武力来解决他们，一定会付出很大的代价。如果这些诸侯王联合起来对付中央政府，打垮他们就需要花费更大的力量和更长的时间。刘邦根据不同情况，采取不同方法，运用各个击破的战略方针显然是最正确的一种选择。刘邦从建国伊始虽然就意识到必须削平异姓诸侯王，但他并不是同时向他们开战，而基本上是一个时间内打击一个对象，这就使异姓诸侯王一时难以联合起来形成后来吴楚七国之乱那样的形势。刘邦特别注意区别轻重缓急，首先解决对中央权威胁最大的楚王韩信。因为在这些诸侯王中，力量最大、最富军事韬略、最难对付的就是韩信了。只要解决了他的问题，其他的人都较易对付。而解决韩信又只能智取，不能强攻。刘邦在陈平等人的参与下轻而易举地解决了韩信，也就等于解决了异姓诸侯王中的最关键的人物，正因为如此，其余异姓诸侯王问题解决起来也就容易不少。到汉高帝十一年（公元前 196 年）刘邦亲征英布时，解决诸侯王的问题已接近尾声，纵使英布有天大的能耐，他也难以掀起动摇国本的风浪了。

当然，刘邦在削平异姓诸侯王的斗争中之所以能够取得最后的胜利，最根本的原因还是汉帝国统一的大势所趋的要求。

经过秦末农民战争和楚汉战争的长期动乱之后，全国上下普遍需要休养生息，渴望和平与安定。更由于汉初刘邦实行的各项政治经济政策基本上满足了民众的基本生存要求，因而得到了他们的拥护。而异姓诸侯王的割据影响了国家的统一，他们的反叛又恰恰破坏了社会的和平与安定，因此他们的活动自然不会得到民众的拥护与支持，因而失败是必然的。当和平与安定的历史趋势形成的时候，任何力量卓异的个别人也无法阻止这种趋势的发展。韩信当年指挥了那么多漂亮的战役，使刘邦惊叹不已、自愧不如；彭越在楚军后方往来游击，搅得项羽不得安宁；英布身先士卒，冲锋陷阵，勇不可当。但是，曾几何时，他们都好像换了一个人一样，一个个都在刘邦的面前束手就擒，落得个身死名裂的下场。这些异姓诸侯王的失败，证明了一个古老的历史真理：时势造英雄。但当时代造就的英雄的活动又违背时代的潮流时，这些英雄的末路也就到来了。①

---

① 参见安作璋、刘德增著：《汉高帝大传》，中华书局 2006 年版，第 195—196 页。

第七章　迁徙豪强　充实关中

　　汉高祖刘邦所开创的迁徙豪强充实关中的政策对巩固汉王朝统治、加强中央集权，作用至关重要。汉武帝的重要谋臣主父偃说："天下豪杰兼并之家，乱民众，皆可徙茂陵，内实京师，外销奸猾。"《汉书》的作者班固说："汉兴，立都长安，徙齐诸国，楚昭、屈、景及诸功臣家于长陵。后世世徙吏二千石、高訾富人及豪杰并兼之家于诸陵。盖亦以强干弱枝，非独为奉山园也。"由于大量豪富之家集中到京师及其皇帝诸陵周围，关中地区的经济空前繁荣。史载"关中之地，于天下三分之一，而人众不过什三；然量其富，什居其六"。王夫之在《读通鉴论》中，痛斥秦汉时期的迁豪政策是一种"虐政"，显然是一种站在道德制高点上不懂政治的偏颇之见。盖棺论定，从刘邦开始的汉帝国迁徙豪强充实关中政策是刘邦治国理政的一部分，它对于汉王朝强干固本、弱化地方、加强中央集权，均起到了积极而有效的作用。

一、秦代迁豪固本政策鸟瞰

从历史上看，刘邦的迁徙豪强政策也算是"汉承秦制"了，是秦王朝"强本弱末"政策的延续。

秦王朝在统一六国的过程中和统一全国以后，曾多次实施迁豪。《华阳国志》中有这样的记载："惠文始皇，克定六国，辄迁其豪杰于蜀。"[①]从秦王政十七年（公元前230年）至秦始皇二十六年（公元前221年），随着秦军次第灭亡六国，六国的旧贵族及其依附者富商大贾等，大都被强行迁离原地。例如，在汉代以冶铁致富的蜀地之卓氏和程郑，就是从东方六国迁来的，所以司马迁称程郑为"山东迁虏"。秦王朝统一全国后，有记载的迁豪共两次。一是秦始皇二十六年（公元前221年）"徙天下豪富于咸阳十二万户"[②]，这是秦代迁豪唯一有明确数字的一次记载，大概也是数量最多的一次迁豪。二是"秦末世，迁不轨之民于南阳"[③]，这一次究竟迁了多少人，不得而知；而"不轨之民"是否应该全作豪民理解，亦不好确定。但其中必有一定数量的豪民。在迁豪的同时，秦代还有更大规模的徙民。从秦惠王继位（公元前289年）至秦朝末年的七八十年间，有记载的徙民就多达十四五

---

① 常璩撰：《华阳国志》卷3《蜀志》，齐鲁书社2010年版，第32页。
② 司马迁撰：《史记》卷6《秦始皇本纪》，第240页。
③ 司马迁撰：《史记》卷129《货殖列传》，第3269页。

次，约平均五年一次。秦始皇统治时期徙民最频繁，达九次之多。其中向岭南一次就迁徙罪徒五十万人，创造了空前的历史纪录。这说明，秦代的迁豪徙民，规模大，次数多，是中央集权国家初期不得不为之的一项治理工程。徙民在很大程度上是出于军事和国土开发的需要，但更重要的是要弱化帝国政权统治薄弱地区的基础，并以此充实京师畿辅之地，也正是中央集权的需要。迁徙豪强显然是对六国旧贵族及其依附富豪的管制性措施，其目的是巩固国家统一，加强中央集权，强干弱枝，等等。

秦代迁豪政策对于巩固国家统一，加强中央集权、稳定社会秩序的确起到了一定的作用。首先，由于六国旧贵族被迁到遥远而陌生的地方，远离故土，不仅与故国民众的联系被斩断，而且又被置于中央政府直接严密监视之下，这样就大大削弱了他们在政治上的影响；同时，由于他们中的大多数人在迁徙之后处于离群索居状态，很难再积聚成团结统一的力量，这样他们作为政治上的潜在的不稳定因素也就大大地减少了。其次，迁徙豪强也是一次经济文化大转移，这对于充实京师之地加强中央集权是有利的。

汉帝国建立后，刘邦君臣继承秦制，当然在迁徙豪强政策上不会重视不够。事实上除了刘邦搞的两次迁豪，其子孙则把迁豪与徙民结合起来又进行过多次，几乎贯彻西汉王朝始终。

二、汉初迁豪强实关中措施

汉高帝七年（公元前 200 年）七月，奉刘邦之命出使匈奴实施"和亲"政策的娄敬回到长安，他根据自己沿途的观察和思索，向刘邦提出了迁徙豪强以实关中的建议：

> 匈奴河南白羊、楼烦王，去长安近者七百里，轻骑一日一夜可以至秦中。秦中新破，少民，地肥饶，可益实。夫诸侯初起时，非齐诸田，楚昭、屈、景莫能兴。今陛下虽都关中，实少人。北近胡寇，东有六国之族，宗强，一日有变，陛下亦未得高枕而卧也。臣愿陛下徙齐诸田，楚昭、屈、景，燕、赵、韩、魏后，及豪杰名家居关中。无事，可以备胡；诸侯有变，亦足率以东伐。此强本弱末之术也。①

刘邦听后曰"善"，立即同意娄敬的建议，并任命他全面负责落实这一工作。娄敬于是一次将东方六国旧贵族及其后裔十余万口迁至八百里秦川，让他们散居于长安附近地区。汉高帝九年（公元前 198 年）十一月，刘邦再一次"徙齐、楚大族昭氏、屈氏、景氏、怀氏、田氏五姓关中，与利田宅"②。

由刘邦开始的西汉迁豪徙民政策，直到汉哀帝时才宣布

---

① 司马迁撰：《史记》卷 99《刘敬叔孙通列传》，第 2719—2720 页。
② 班固著：《汉书》卷 1《高帝纪》，第 66 页。

终止，前后持续了差不多二百年的时间。这项政策在历史上几经变化，迁徙目的、对象前后都有很大的不同。

《汉书·景帝纪》：前元五年（公元前152年）春正月，"作阳陵邑。夏，募民徙阳陵，赐钱二十万。"[1]

《汉书·武帝纪》：建元三年（公元前138年），"赐徙茂陵者户钱二十万，田二顷。""元朔二年（公元前127年），徙郡国豪杰及訾三百万以上于茂陵。"元狩五年（公元前118年），"募民徙朔方十万口"，"徙天下奸猾吏民于边"。太始元年（公元前96年），"徙郡国吏民豪杰于茂陵、云陵。"[2]

《汉书·昭帝纪》：始元三年（公元前84年），"募民徙云陵，赐钱田宅。"始元四年（公元前83年），"徙三辅富人云陵，赐钱，户十万。"[3]

《汉书·宣帝纪》：本始元年（公元前73年），"募郡国吏民訾百万以上徙平陵。"本始二年（公元前72年）春，"以水衡钱为平陵，徙民起宅第。"元康元年（公元前65年）春，"以杜东原上为初陵，更名杜县为杜陵。徙丞相、将军、列侯、吏二千石、訾百万者杜陵。"[4]

如果说迁徙豪强到关中是为了强本弱末的话，那么，规

① 班固著：《汉书》卷5《景帝纪》，第143页。

② 班固著：《汉书》卷6《武帝纪》，第158、170、170、179、205页。

③ 班固著：《汉书》卷7《昭帝纪》，第221页。

④ 班固著：《汉书》卷8《宣帝纪》，第239、242、253页。

模不等的边郡徙民则是为了军事需要和边疆开发。汉代除了迁徙豪强充实关中外，还有规模不同的边郡徙民，如汉武帝元狩四年（公元前119年）冬，徙关东贫民七十二万五千口至陇西、北地、西河、上郡、会稽诸郡。元鼎六年（公元前111年），徙民张掖、敦煌。元封元年（公元前110年），徙东越之民于江淮之间，等等。

为什么以"伐无道，诛暴秦"相号召的刘邦，在建国之初就毫不迟疑地接受娄敬的建议，继续秦王朝的迁豪政策呢？显然有以下几个因素。

第一，与秦朝迁豪的原因一样，也是为了消除政治上的潜在危险。六国旧贵族及其依附者富商大贾，虽然经过秦始皇时期的两次迁徙，力量受到很大削弱，但是，漏网之鱼尚多。这些人在秦末反秦战争中仍然表现出相当大的力量。娄敬所谓"诸侯初起时，非齐诸田，楚昭、屈、景莫能兴"①，指的就是此种情况。项梁叔侄所代表的楚国旧贵族的强大力量，田广、田荣和田横所代表的齐国旧贵族复兴故国的不屈气概，刘邦当然都记忆犹新。一有风吹草动，他们之中仍有可能出现揭竿而起、据地称王的领袖人物。让这类人物散在全国各地，刘邦是寝食难安的。通过迁豪将这批危险人物置于自己眼皮底下监视起来，就等于消除了一大块心病。因而娄敬的

---

① 司马迁撰：《史记》卷99《刘敬叔孙通列传》，第2720页。

建议一经提出，刘邦没有丝毫犹豫就接受并付诸实施了。

第二，充实关中地区，强干弱枝，以对付其他地区的反叛势力和匈奴侵扰的需要。关中地区本来富甲天下，但经过秦末农民战争，尤其是楚汉战争的破坏，土地荒芜，人口减少，经济力量相对削弱。同时，关中北距匈奴较近，容易遭受游牧民族的攻击。将六国旧贵族迁到这里可以化不利因素为有利因素。一方面能够增加关中的人口，加速这里的开发；而且六国旧贵族及其依附者都有较雄厚的经济实力，可以使关中经济得到较快的发展，从而增强抵抗匈奴的力量。另一方面，又可以使离心因素变为向心因素。通过对六国旧贵族的安抚政策，拉近与现政权的距离，逐渐达到对汉皇朝的认同，达到"无事，可以备胡；诸侯有变，亦足率以东伐"[1]的"强干弱枝"的目的。这个政策经过刘邦及其后世子孙的相继实施，的确收到了较好的效果，原来预期的目的基本上都达到了。关中地区的经济得到较快的发展，成为汉皇朝稳定的中心区域。在对异姓诸侯王和同姓诸侯王的斗争中，尤其是平定吴楚七国之乱和后来反击匈奴的斗争中，这里都成为汉皇朝的战略总后方，起到了不可替代的作用。与秦末六国反秦时的情形不同，当吴楚七国之乱爆发时，六国旧贵族及其后裔们，基本上都没有加入叛军的行列。这种情况的出现

---

[1]　司马迁撰：《史记》卷99《刘敬叔孙通列传》，第2720页。

当然有多种原因，但迁豪政策的实施应是不可忽视的因素，它的确起到了巩固统治、加强中央集权的重要作用。后来，汉武帝的重要谋臣主父偃说："天下豪杰兼并之家，乱民众，皆可徙茂陵，内实京师，外销奸猾。"①《汉书》的作者班固也说："汉兴，立都长安，徙齐诸国，楚昭、屈、景及诸功臣家于长陵。后世世徙吏二千石、高訾富人及豪杰并兼之家于诸陵。盖亦以强干弱枝，非独为奉山园也。"② 由于大量豪富之家集中于京师及其周围诸陵，他们役使依附的劳动力不断进行开发，加上得天独厚的自然条件，关中地区的经济很快出现了空前的繁荣。史载"关中之地，于天下三分之一，而人众不过什三；然量其富，什居其六"③，恐非虚语。王夫之在《读通鉴论》中，痛斥秦汉时期的迁豪是一种"虐政"，显然是一种不懂政治的偏颇之见。④ 盖棺论定，汉帝国初期的迁徙豪强政策是刘邦治国理政的一部分，是刘邦加强中央集权政策的一部分。

---

① 司马迁撰：《史记》卷112《平津侯主父偃传》，第2961页。
② 班固著：《汉书》卷28《地理志》，第1642页。
③ 司马迁撰：《史记》卷129《货殖列传》，第3262页。
④ 参见安作璋、刘德增著：《汉高帝大传》，中华书局2006年版，第226—229页。

第八章　韬光养晦　和亲定边

　　刘邦当时对匈奴所实行的"和亲"安边政策，是在汉匈力量对比对汉王朝不利的情况下实行的，因而不可避免地带上屈辱妥协的色彩。然而，在当时的历史条件下，它又是可供选择的最好的政策。"和亲"政策的实施，使得汉匈两大民族之间较长时间没有爆发大规模的战争，这就为汉帝国赢得了建国初期具有重要意义的和平环境与喘息转型的时间，从而保证了汉帝国休养生息政策的从容实施。在和亲政策下，北方边境相对安全，百姓生活得以安宁，经济生产得以发展，汉帝国的综合国力也随之逐步增强，这为日后汉武帝时以武力反击匈奴赢得了准备时间，积聚了军事与经济力量。

一、匈奴带来的北方边患

汉帝国建立之初，经济残破，民生艰辛，综合国力极其低弱。秦时已经兴起的匈奴部族势力逐渐强大，所控制的地域包括贝加尔湖以南辽阔的草原大漠。在长城以南的反秦战争与楚汉战争的厮杀声中，在秦代遭遇秦军打击而南下受挫的匈奴，不仅乘机尽数收回了秦将蒙恬所占领的长城以北地方，还进入长城以南，足迹至于朝那（今宁夏固原东南）、肤施（今陕西榆林南），同时出兵侵掠汉的燕国和代国。

> 当是之时，东胡强而月氏盛。匈奴单于曰头曼，头曼不胜秦，北徙。十馀年而蒙恬死，诸侯畔秦，中国扰乱，诸秦所徙适戍边者皆复去，于是匈奴得宽，复稍度河南与中国界于故塞。①

从秦末到汉初，中原大地各派军阀疲于争战，北防空虚，匈奴得到喘息的机会，日臻强盛起来，军中能征战的将士竟然多达数十万，对新生西汉帝国的北部边境构成了严重的威胁。

司马迁说："匈奴，其先祖夏后氏之苗裔也，曰淳维。"②

---

① 司马迁撰：《史记》卷110《匈奴列传》，第2887—2888页。
② 司马迁撰：《史记》卷110《匈奴列传》，第2879页。

　　匈奴是长期繁衍生息于中国北部边陲地区的一个少数民族，远在殷周时期就与中原的王朝发生了密切的联系。见于先秦文献中的山戎、猃狁、荤粥等，就是它在历史上留下来的名字。匈奴长期以游牧为生，逐水草而居，为开发祖国的北部边疆地区作出了重大贡献，创造了独放异彩的匈奴文化。

　　西周时期，匈奴成为"戎狄"，自穆王至幽王，不断侵扰与威胁周王朝的安全。战国时期，匈奴已处在原始社会向奴隶社会的过渡时期。对财富和奴隶的贪欲，驱使匈奴族的首领率领着迅猛剽悍的骑兵多次南下侵扰，逼得七国中与匈奴为邻的秦、赵、燕等国不得不在自己的北部边陲筑起长城作为自我保护的屏障。秦统一六国以后，秦始皇令将军蒙恬率三十万精锐之师北击匈奴，收复河南地，置四十四县，移民屯垦，派重兵镇守。为了保持与关中地区的通畅联系，调兵运粮，修筑了自云阳（今陕西淳化境）至九原（今内蒙古包头市西）的千里直道。与此同时，又以原秦、赵、燕等国长城为基础，修筑了西起临洮（今甘肃岷县），东至辽东（今朝鲜平壤西海岸）的万里长城，配以重兵，有效地阻止了匈奴对秦帝国北部边陲的侵扰。秦末战乱发生后，防守长城一线的秦军大部分撤回内地对付反秦武装，匈奴骑兵再次乘机南下。此时匈奴杰出的领袖冒顿自立为单于，他东向击破东胡王，西向赶走大月氏，南并楼烦、白羊河南王，接着，继续南下，"悉复收秦所使蒙恬所夺匈奴地者，与汉关故河南塞，至朝那、肤施，遂侵燕、代。是时汉兵与项羽相距，中国罢于兵革，以故冒顿得自强，控弦之士三十余万。"[1]此时的匈奴已建立起较完备的国家政权，形成了带有游牧民族特点的军事政治一体化的政权体制。《史记·匈奴列传》记载了冒顿单于的组织情况如下：

> 置左右贤王，左右谷蠡王，左右大将，左右大都尉，左右大当户，左右骨都侯。匈奴谓贤曰"屠耆"，故常以太子为左屠耆王。自如左右贤王以下至当户，大者万骑，小者数千，凡二十四长，立号曰"万骑"。诸大臣皆世官。呼衍氏，兰氏，其后有须卜氏，此三姓其贵种也。诸左方王将居东方，直上谷以往者，东接秽貉、朝鲜；右方王将居西方，直上郡以西，接月氏、氐、羌；而单于之庭直代、云中；各有分地，逐水草移徙。而左右贤王、左右谷蠡王最为大，左右骨都侯辅政。诸二十四长亦各自置千长、百长、什长、裨小王、相封、都尉、当户、且渠之属。[2]

与此同时，这时的匈奴也已建立起自己的一套礼仪、法律和养生送死的制度，特别奖励攻战，崇尚冒险。其基本情况是：

> 岁正月，诸长小会单于庭，祠。五月，大会茏城，祭其先、天地、鬼神。秋，马肥，大会蹛林，课校人畜计。其法，拔刃尺者死，坐盗者没入其家；有罪小者轧，大者死。

---

[1]　司马迁撰：《史记》卷110《匈奴列传》，第2890页。
[2]　司马迁撰：《史记》卷110《匈奴列传》，第2890—2891页。

狱久者不过十日，一国之囚不过数人。而单于朝出营，拜日之始生，夕拜月。其坐，长左而北乡。日上戊己。其送死，有棺椁金银衣裘，而无封树丧服；近幸臣妾从死者，多至数十百人。举事而候月，月盛壮则攻战，月亏则退兵。其攻战，斩首虏赐一卮酒，而所得卤获因以予之，得人以为奴婢。故其战，人人自为趣利，善为诱兵以冒敌。故其见敌则逐利，如鸟之集；其困败，则瓦解云散矣。战而扶舆死者，尽得死者家财。[①]

在冒顿单于的统率下，匈奴骑兵不断向北征伐，使浑庾、屈射、丁零、鬲昆、薪犁等漠北之国先后臣服。这样，匈奴就控制了东起大兴安岭，西抵帕米尔高原，北至贝加尔湖，南达长城一线的广袤万里的辽阔地区，成为汉帝国的北方劲敌。

二、韬光养晦，和亲睦邻

当冒顿单于的匈奴帝国崛起之时，正是刘邦刚刚战败项羽，亟须休养生息之日。

是时，汉初定中国，徙韩王信于代，都马邑。[②]

---

① 司马迁撰：《史记》卷110《匈奴列传》，第2892页。
② 司马迁撰：《史记》卷110《匈奴列传》，第2894页。

汉高帝六年（公元前 201 年）九月，匈奴骑兵突然大举南下，将韩王信包围于马邑（今山西朔县）。利用韩王信对刘邦的怨愤，诱降成功。韩王信投降以后，引匈奴骑兵长驱南下，直抵晋阳（今山西太原）城下。汉帝国的北部边疆形势骤然紧张起来。汉高帝七年（公元前 200 年）十月，刘邦不顾大臣娄敬的劝阻，在对敌我力量对比情况还不明晰的情势下，轻率地率三十万大军北伐，试图一举歼灭匈奴的入侵力量。战争开始后，汉军虽然在铜辊（今山西沁县境）、晋阳等地取得连战皆捷的胜利，并乘胜收复楼烦（今山西宁武），但因时值隆冬，"大寒雨雪，卒之堕指者十二三"，给继续战斗带来意想不到的困难，形势对汉军十分不利。然而，此时的刘邦已经被轻而易举取得的一些小胜利冲昏了头脑，没有看到匈奴军还没有发挥出来的巨大的军事潜力，继续挥军北进，结果中了匈奴诱敌深入的诡计："于是冒顿详败走，诱汉兵。汉兵逐击冒顿，冒顿匿其精兵，见其羸弱，于是汉悉兵，多步兵，三十二万，北逐之。"结果被匈奴的四十万精锐骑兵包围于白登（今山西大同西北）七昼夜，"汉兵中外不得相救饷"[1]，陷入极大的困境。后来全赖陈平用秘计，通过贿赂匈奴阏氏，劝说冒顿"解围之一角"，刘邦才得以脱身。白登之战的失利给了刘邦一副清醒剂，使他认识到当时汉帝国的国力还难以与匈奴在战场上

---

[1]　司马迁撰：《史记》卷 110《匈奴列传》，第 2894 页。

一决胜负，最明智的选择是对匈奴暂时采取妥协退让的政策。刘邦率兵回到广武（今河南荥阳北）时，老老实实地向劝阻他不要轻举冒进的娄敬承认错误。白登一战，成为刘邦转变对匈奴政策的重要契机。

刘邦北伐匈奴失败后，匈奴加紧了对汉帝国北部边境的侵扰。"是后韩王信为匈奴将，及赵利、王黄等数倍约，侵盗代、云中。居无几何，陈豨反，又与韩信合谋击代……是时匈奴以汉将众往降，故冒顿常往来侵盗代地。"① 刘邦于是向娄敬请教对付匈奴的方略，娄敬指出，汉政权刚刚建立，百姓还没有从战乱中恢复元气，国家财政也很困难，匈奴是一个武力强大、游走不定的游牧民族，正处于极盛时期，显然难以用武力一时战胜它。唯一的办法是采取"和亲"政策，以汉室公主嫁与匈奴单于，同时贿以财物满足其贪欲，以此缓和匈奴的进攻，换取汉帝国边境的暂时安宁。刘邦基本上同意了娄敬的建议，认为这是当时唯一可行的利大害小的选择。但是，因为吕后害怕自己唯一的女儿鲁元公主下嫁单于，坚决不同意娄敬的建议，"和亲"政策没有立即付诸实施。

汉高帝十年（公元前197年）九月，代相陈豨反叛，与逃亡匈奴的韩王信合谋侵扰代郡。刘邦令樊哙率兵征讨，在收复了代、雁门、云中等郡县以后，即对匈奴采取守势，没

---

① 司马迁撰：《史记》卷110《匈奴列传》，第2895页。

有出塞追击。但是，由于此时投降匈奴的汉将较多，匈奴利用他们不断地侵扰，代郡等地深受其害。刘邦为了缓和这种敌对局面，决定着手实施"和亲"政策。他任命娄敬为"和亲"使者，将宗室女以公主的名义嫁与匈奴冒顿单于为阏氏。同时每年给予匈奴一定数量的"絮缯酒米食物"，与匈奴单于"约为兄弟"[1]。"和亲"政策实行以后，匈奴对北部地区的侵扰有所收敛，边境地区的紧张局势有所缓和。

与此同时，刘邦也加强了北部地区的防卫。他多次派出周勃、樊哙等名将，对叛汉降匈奴的韩王信、陈豨、卢绾等人进行毫不妥协的打击，并将韩王信和陈豨击杀，把卢绾赶到长城脚下。他还封自己的儿子刘恒为代王、刘建为燕王，以功臣宿将为辅佐，率大军进驻北部边境前线，对匈奴进行积极的防御，汉军不主动进击匈奴，但严密监视其行动，对来犯之敌坚决予以还击。由于刘邦对匈奴采取以"和""安"为主的积极防御战略，因而终刘邦之世，虽然匈奴对边地的侵扰一直没有间断过，但大规模的造成巨大破坏的军事入侵却也没有再发生过。匈奴对汉帝国的北部边疆的危害基本上被控制在最小的限度之内。

应当看到，刘邦当时对匈奴所实行的"和亲"政策，是在汉匈力量对比对汉王朝不利的情况下实行的，因而不可避免

---

① 班固著：《汉书》卷94《匈奴传》，第3754页。

地带上屈辱妥协的色彩。但是，在当时的历史条件下，它又是可供选择的最好的政策。"和亲"政策的实施，使汉匈两大民族之间较长时间没有爆发大规模的战争，这就为汉政权赢得了开国初期具有重要意义的和平环境与喘息转型的时间，从而保证了汉帝国休养生息政策的实施。在和亲政策下，北方边境相对安全，百姓生活得以安宁，经济生产得以发展，汉帝国的综合国力也随之逐步增强，这为日后汉武帝时以武力反击匈奴赢得了准备时间，积聚了军事与经济力量。

刘邦首创的"和亲"安边政策，在惠帝、吕后和文帝、景帝时期都得到了较好的继承与贯彻。惠帝当国时期，冒顿单于曾致书吕后，加以污辱。但吕后隐忍不发，卑辞回书，不与计较，使一场迫在眉睫的汉匈大战消弭于苦涩的一笑之中。文帝、景帝"复修和亲"，坚持衅不自我开。虽然其间匈奴有几次大规模的侵扰，但文、景二帝都能从积极防御的目的出发，对其进行有理有节制的武装反击，没有主动扩大战争规模。一旦形势略有好转，即重申"和亲"和平的政策，主动修好关系。如文帝三年（公元前 177 年）五月，"匈奴右贤王入居河南地，侵盗上郡葆塞蛮夷，杀略人民"。文帝令丞相灌婴发车骑八万五千予以反击，将其驱出长城，即罢战休兵。冒顿单于对文帝此举十分赞赏，第二年，主动派出使者与汉修好。在致文帝书中，要求"寝兵休士卒养马，除前事，复故约，以安边民，以应始古，使少者得成其长，老者安其处，世世平乐"，表达了与汉帝国政权维持"和亲"

关系的良好愿望。冒顿单于死后，其子立为老上单于，嗣后汉匈之间虽然又发生过激烈的武装冲突，但由于文帝坚持"和亲"的既定方针，终于又使两个民族间的紧张关系缓和下来。汉文帝后元二年（公元前 162 年），文帝遣使使匈奴，致书老上单于，表达了情真意切的友好愿望，单于也制诏表示"犯今约者杀之，可以久亲"①。具体细节可参照下段史料：

> 孝文帝后二年,使使遗匈奴书曰:"皇帝敬问匈奴大单于无恙。使当户且居雕渠难、郎中韩辽遗朕马二匹,已至,敬受。先帝制:长城以北,引弓之国,受命单于;长城以内,冠带之室,朕亦制之。使万民耕织射猎衣食,父子无离,臣主相安,俱无暴逆。今闻渫恶民贪降其进取之利,倍义绝约,忘万民之命,离两主之欢,然其事已在前矣。书曰:'二国已和亲,两主欢说,寝兵休卒养马,世世昌乐,闒然更始。'朕甚嘉之。圣人者日新,改作更始,使老者得息,幼者得长,各保其首领而终其天年。朕与单于俱由此道,顺天恤民,世世相传,施之无穷,天下莫不咸便。汉与匈奴邻国之敌,匈奴处北地,寒,杀气早降,故诏吏遗单于秫蘖金帛丝絮佗物岁有数。今天下大安,万民熙熙,朕与单于为之父母。朕追念前事,薄物细故,谋臣计失,皆不足以离兄弟之欢。朕闻天不颇覆,地不偏载。朕与单于皆捐往细故,俱蹈大道,堕坏前恶,以图长久,使两国之民若一家子。元元

---

① 司马迁撰:《史记》卷110《匈奴列传》,第 2895、2896、2904 页。

万民，下及鱼鳖，上及飞鸟，跂行喙息蠕动之类，莫不就安利而辟危殆。故来者不止，天之道也。俱去前事：朕释逃虏民，单于无言章尼等。朕闻古之帝王，约分明而无食言。单于留志，天下大安，和亲之后，汉过不先。单于其察之。"

单于既约和亲，于是制诏御史曰："匈奴大单于遗朕书，言和亲已定，亡人不足以益众广地，匈奴无入塞，汉无出塞，犯今约者杀之，可以久亲，后无咎，俱便。朕已许之。其布告天下，使明知之。"[①]

由于惠、文、景几代皇帝都较好地继承了刘邦的"和亲"安边政策，从而为广大中原地区创造了相对和平的环境，为汉政权获得了发展生产、繁荣经济、增强军事力量的良好机会。

经过近六十年的韬光养晦，和平发展，到汉武帝时，西汉帝国的综合国力进入了强盛时期，转变对匈奴被动"和亲"政策的条件已经成熟。于是汉武帝时期，经过数余年的艰难鏖战，汉军终于把匈奴从河套阴山一带、河西走廊地区以及天山南北的西域诸国赶了出去，取得了对匈奴作战的决定性胜利，为后来匈奴主动要求恢复"和亲"、重修汉匈友好关系创造了条件。

显然，如果没有刘邦所开创的汉初六十年的"和亲"安边所赢得的和平环境，也就不会有汉武帝时期对匈奴进行军事

---

① 司马迁撰：《史记》卷110《匈奴列传》，第2902—2904页。

斗争所取得的胜利。应该说，刘邦对匈奴的"和亲"政策，尽管蒙上一层屈辱的阴影，但显示的却是刘邦及其臣僚们的韬光养晦、和平崛起的政治智慧与远见卓识。后来不少的政治家和思想家，从中国传统的夷夏之辨出发，对"和亲"政策发出非议。例如司马光就是这样评论汉初"和亲"政策的：

> 建信侯（指娄敬）谓冒顿残贼，不可以仁义说，而欲与为婚姻，何前后之相违也！夫骨肉之恩，尊卑之叙，唯仁义之人为能知之，奈何欲以此服冒顿哉！盖上世帝王之御夷狄也，服则怀之以德，叛则震之以威，未闻与为婚姻也。且冒顿视其父如禽兽而猎之，奚有于妇翁！建信侯之术，固已疏矣；况鲁元已为赵后，又可夺乎？①

司马光这种观点，表面上看起来似乎很有道理，但却忽略了当时的客观实际情况的制约以及"和亲"政策在维系民族关系方面所具有的不可替代的作用，从而流于一种不切实际的泛泛空论，一种从道德义理出发的书生之见。事实上，民族关系本质上还是一种阶级的关系。在几千年传统社会里，从来就不存在各民族真正一律平等的民族政策，只有相对说来对各民族发展提供和平条件的较好的民族政策。"和亲"政策作为处理民族关系的手段并非没有局限性，也并不是不受时间、地点和条件限制的灵丹妙药，但是，历史却一再证明，

---

① 司马光编著：《资治通鉴》卷12《汉纪四》，第383页。

在一定历史条件下，"和亲"安边不失为维系民族友好关系的理想选择。在两汉历史上，多次的"和亲"对于维护当时中国这个多民族国家的和平与安宁，促进民族融合，加强各民族间的经济文化交流，推动国家发展等都起了积极的作用。[①]

三、和平处理与南越关系

在妥善处理了与匈奴的关系、缓和了北方边疆地区的危机以后，刘邦也本着"和""安"的原则处理了与南越之间的争端。

从远古时候起，越族就居住在今日的两广及越南地区，由于部落众多，史称百越。越族最早开发了祖国的南疆，发展了独特的南越文化。秦始皇统一六国以后，派兵进入南越，在那里设置南海、桂林、象等郡，由中原人前去任职，实行对南越的直接统治。同时，从中原地区徙民五十万，与越人杂处，把中原先进的生产技术和文化传至南越，加强了汉、越的民族融合，促进了南越地区经济文化的发展。秦二世时，中原战争鼎沸的消息传到了南越。时任南海尉的任嚣正在病中。临终前，他把时任龙川（今广东龙川）令的真定人赵佗召到病榻前，对他说：

----

① 参见安作璋、刘德增著：《汉高帝大传》，中华书局 2006 年版，第 240—243 页。

闻陈胜等作乱，秦为无道，天下苦之，项羽、刘季、陈胜、吴广等州郡各共兴军聚众，虎争天下，中国扰乱，未知所安，豪杰畔秦相立。南海僻远，吾恐盗兵侵地至此，吾欲兴兵绝新道，自备，待诸侯变，会病甚。且番禺负山险，阻南海，东西数千里，颇有中国人相辅，此亦一州之主也，可以立国。郡中长吏无足与言者，故召公告之。[①]

言讫，即命赵佗行南海尉事。不久，任嚣死去，赵佗一面急令关闭与中原交通的关口，切断与中原地区的联系；一面寻找借口诛杀南海郡的原秦朝官吏，在关键岗位上换上自己的亲信。在得到秦朝灭亡的确切消息后，赵佗即以武力兼并了桂林和象郡，自立为南越武王，统治区域及于今日两广的大部、贵州一部和越南北部。汉王朝建立以后，刘邦当然不允许在自己的领土之内存在一个独立的割据政权，但因一时忙于整顿内部和对付匈奴，没有急于解决南越问题。

汉高帝十一年（公元前196年），刘邦已经基本上解决了异姓诸侯王问题，与匈奴的紧张关系也缓和下来。此年五月，为了"和集百越，毋为南边患害"[②]，刘邦决心解决赵佗的割据问题。因为汉政权此时已经稳固强大，而南越与中原又有着密切的经济文化上的联系，是汉帝国领土的一部分，

---

① 司马迁撰：《史记》卷113《南越列传》，第2967页。
② 司马迁撰：《史记》卷113《南越列传》，第2967页。

刘邦决定用和平的方式促使赵佗归服。他下诏立赵佗为南越王，命陆贾为中央政府的使者去南越，借赐赵佗印绶之机劝说他归服汉王朝。陆贾来到南越以后，赵佗以越人的装束、礼仪，"魋结箕踞见陆生"。陆贾看着赵佗傲慢无礼的样子，虽然心里很不高兴，但隐忍不发，而是语重心长地对赵佗说：

> 足下中国人，亲戚昆弟坟墓在真定。今足下反天性，弃冠带，欲以区区之越与天子抗衡为敌国，祸且及身矣。且夫秦失其政，诸侯豪杰并起，唯汉王先入关，据咸阳。项羽背约，自立为西楚霸王，诸侯皆属，可谓至强。然汉王起巴蜀，鞭笞天下，劫略诸侯，遂诛项羽灭之。五年之间，海内平定，此非人力，天之所建也。天子闻君王王南越，不助天下诛暴逆，将相欲移兵而诛王，天子怜百姓新劳苦，故且休之，遣臣授君王印，剖符通使。君王宜郊迎，北面称臣，乃欲以新造未集之越，倔强于此。汉诚闻之，掘烧王先人冢，夷灭宗族，使一偏将将十万众临越，则越杀王降汉，如反覆手耳。①

陆贾一席话，晓之以礼，动之以情，临之以威，说得赵佗倾耳而听，"蹶然而起坐"，对陆贾连连称谢，自责久居蛮夷之地，已忘记了中原的礼仪，实在是不应该。接着，赵佗笑着问陆贾，自己若与萧何、曹参、韩信等人相比，谁的本

---

① 司马迁撰：《史记》卷97《郦生陆贾列传》，第2697页。

事更大一些？陆贾故意恭维说他的本事似乎更大一些。赵佗十分得意，进而又问自己与刘邦相比怎样？陆贾则乘机极力宣传刘邦的雄才大略和汉政权的兴旺昌盛，示意赵佗要正确客观地认识自己和南越的实力，不要夜郎自大。陆贾说：

> 皇帝起丰沛，讨暴秦，诛强楚，为天下兴利除害，继五帝三王之业，统理中国。中国之人以亿计，地方万里，居天下之膏腴，人众车舆，万物殷富，政由一家，自天地剖泮未始有也。今王众不过数十万，皆蛮夷，崎岖山海间，譬若汉一郡，王何乃比于汉！①

赵佗毕竟是中原之人，对光辉灿烂的中原文化和制度有着自然的向往与追求，而陆贾的雄辩、才华和风度也使他心悦诚服。每次听陆贾侃侃而谈，如沐春风。赵佗留陆贾在南越住了数月之久，尽力款待，二人反复交谈，推心置腹，关系越来越亲密，他对陆贾的尊敬与佩服也与日俱增。陆贾的到来，使赵佗听到了久违的乡音，了解了中原地区的巨大变化，他于是决心取消割据，归附汉朝。他十分感慨地说："越中无足与语，至生来，令我日闻所不闻。"②赵佗赠送陆贾价值千金的金银珠宝，以表示自己的感激之情。陆贾承刘邦之诏拜赵佗为南越王，向汉朝皇帝称臣奉约。陆贾的出使获得

---

① 司马迁撰：《史记》卷 97《郦生陆贾列传》，第 2698 页。
② 司马迁撰：《史记》卷 97《郦生陆贾列传》，第 2698 页。

了巨大的成功，重新恢复了中原地区与南越之间断绝了十余年之久的政治、经济和文化的联系，使汉朝南部的边陲获得和平与安宁。

　　刘邦用和平手段促使南越归服之所以顺利成功，首先应归因于汉帝国的崛起、强大、繁荣以及先进的经济文化对周边民族产生的巨大凝聚力；其次应归因于赵佗的深明大义，他对祖国有割不断的赤子情怀；再次应归因于时代条件，多年战乱后的中国，人心思安，不用武力解决政治问题对谁都有利。在此有利的形势下，刘邦采取了现实主义的策略，尊重和承认赵佗的地位，照顾他的实际利益，使赵佗归服汉朝多有所得而毫无所失，除了名义上对刘邦称臣外，他对南越的统治一如既往，他又何乐而不为呢？陆贾返回长安复命，刘邦十分高兴，立即任命他为太中大夫，作为对他出使成功的酬赏。

　　吕后统治时期，有的官员建议禁止铁器输往南越，吕后未经慎重思考下令执行。当时南越还不能自产铁器，所用铁器全赖中原供应。此举使赵佗异常愤怒，他说："高帝立我，通使物，今高后听谗臣，别异蛮夷，隔绝器物，此必长沙王计也，欲倚中国，击灭南越而并王之，自为功也。"① 于是自号为南越武帝，发兵北向，进攻毗邻的长沙国。吕后派兵迎敌，难以取胜。一年后，因吕后死去，汉中央政府即停止了

---

① 司马迁撰：《史记》卷113《南越列传》，第2969页。

对南越的军事行动。赵佗乘机扩张，同时用贿赂的办法把闽越（今福建）、西瓯、骆越（今越南中北部）收归自己统辖，建立起"东西万余里"的割据政权。赵佗也"乘黄屋左纛，称制，与中国侔"①，公然做起皇帝来了。汉文帝元年（公元前179年），文帝决心缓和与南越的紧张关系。他一面为赵佗在真定的祖坟置守邑，"岁时奉祀"，同时赐给他的从昆弟以官职爵禄；一面接受陈平推荐，重任居家赋闲的陆贾为太中大夫，令他再次出使南越。陆贾带着文帝给南越王赵佗的赐书和大量礼品再一次出使南越。陆贾见到赵佗，委婉地谴责他擅自称帝而不报告于汉。赵佗十分惶恐，于是作书谢罪，其中半是辩解半是自嘲地说：

> 蛮夷大长老夫臣佗，前日高后隔异南越，窃疑长沙王谗臣，又遥闻高后尽诛佗宗族，掘烧先人冢，以故自弃，犯长沙边境。且南方卑湿，蛮夷中间，其东闽越千人众号称王，其西瓯骆裸国亦称王。老臣妄窃帝号，聊以自娱，岂敢以闻天王哉！②

赵佗对陆贾当面顿首谢罪，表示"愿长为藩臣，奉贡职"。为了表示自己的诚意，赵佗下令国中曰："吾闻两雄不俱立，两贤不并世。皇帝，贤天子也。自今以后，去帝制黄

---

① 司马迁撰：《史记》卷113《南越列传》，第2969页。
② 司马迁撰：《史记》卷113《南越列传》，第2970页。

屋左纛。"[①] 恢复了向汉中央称臣的体制。在疏通汉中央政府与南越的关系上，陆贾立下了不朽的功勋。南越自秦朝时成为大秦帝国的郡县，开始了与中原地区越来越频繁的经济文化交流。西汉帝国从刘邦起，比较妥善地处理了汉中央政府与南越的关系，进一步密切了中原与南越的联系，使民族畛域逐步消失，经济文化上的联系越来越密切，至此以后，广大的岭南地区成为中国牢不可破的重要组成部分。[②]

---

① 司马迁撰：《史记》卷113《南越列传》，第2970页。
② 参见安作璋、刘德增著：《汉高帝大传》，中华书局2006年版，第244—247页。

结　语　汉高祖治国论

　　公元前 202 年，刘邦建汉，是为汉高祖。在汉帝国建立与巩固过程中，刘邦总结秦亡的历史教训，根据汉初的实际情况，在政治上推行了分封与郡县并轨制并以郡县制为主体的政治体制，成功地实现了"秦果汉收"，同时完成了对周文化的扬弃。面对汉初经济凋敝、民生困苦、百废待兴的状况，刘邦采用黄老之策治国，采取了清静无为、与民休息的政策。经过刘邦君臣的拨乱反正，汉帝国政权不但得以巩固，而且还开启了中国帝制时代的第一个盛世——大汉盛世。从刘邦的治国实践来看，他称得上是中国历史上最伟大的治理型领袖之一。

一、以亡秦为鉴，推行分封与郡县并轨制

　　周公实行的封邦建国制度，对中国早期政治的发展曾经起到了十分重要的推进作用。但是，随着历史的发展，分封

制的弊端也日渐显露出来。分封制是造成西周后期到春秋战国时期社会动乱和政治分裂割据的一个重要因素。秦始皇统一六国后，废除分封制，代之以郡县制，建立起中国历史上第一个中央集权制的帝国体制。然而，推行了八百年之久的分封制，毕竟已经深入人心，根深蒂固。秦统一后，原先的六国旧贵族仍在思念故土，而且统治者的暴政又使民众看不到统一的好处，人们不免对过去裂土分封的时代存有依恋之心。因此，秦亡之际，要求分封的呼声十分强大。作为一个成熟的政治家，刘邦审时度势，既尊重历史惯性，继续保留分封制，同时又汉承秦制，大规模推行郡县制。因而，他的分封与郡县并轨制不仅没有重蹈周、秦的覆辙，反而继秦之后建立起了一个统治长达二百余年之久的西汉王朝。究其原因，正在于刘邦正确处理了分封与统一的关系。

从历史上看，刘邦的分封大致可划分为三个阶段：一是在反秦战争和楚汉战争中对部将和各种势力的分封；二是称帝前后分封异姓王和功臣侯；三是在铲除异姓王的同时，对同姓王的分封。

第一阶段是刘邦集团的创业时期。在这个时期，刘邦采用了用分封促进统一的正确做法。秦亡以后，刘邦和项羽成为争夺天下的主要竞争对手。基于对当时形势和人们价值观念的认识，他们都采纳了分封制度。项羽是先于刘邦实行分封的，但两人对分封所采取的不同态度和策略造成了不同的结果。项羽出身于楚国的武将世家，割地而王、称霸一方，是其固有的观念。与项羽相比，刘邦则大为不同。他起身下层，没有过多的旧有观念束缚。尽管刘邦也意识到分封会对将来国家的统一带来不利因素，但他认为分封却是争取支持力量、孤立项羽、最终取得天下的最有效的办法。所以，刘邦利用了项羽的弱点和失误，在分封问题上形成了一个灵活应变、步步解决的战略思想。事实也证明，正是刘邦在与项羽争夺天下的过程中，巧妙灵活地运用了分封功臣这一做法，才赢得了人心，孤立了项羽，壮大了自己，最终以弱胜强，取得了胜利。

刘邦称帝完成统一大业后，又承认和分封了一批异姓王和功臣侯，这是刘邦分封的第二阶段。在这一时期，刘邦继续尊重历史实际，用分封来稳定统一的格局。这次分封，刘邦是不得已而行之的。因为此时刚刚打败项羽，形势尚未稳定，原来的诸侯王和一些将领手中仍握有重兵。刘邦虽然明白分封之后，他们会成为巩固一统江山的威胁和阻力，但是刘邦更清楚自己的力量尚不足以镇压和钳制他们，如不满足他们的要求，一定又会产生背叛汉室而与自己争夺天下的祸起萧墙的战乱局面。从保持稳定与统一的大局观出发，刘邦明智地继续实行分封制度。刘邦虽不得已而为之，但并不甘心按诸侯王的意愿回归到周王朝分封制的老路，他在分封中采取积极措施对诸侯王加以限制，并为日后削除他们做好了准备工作。在分封过程中，刘邦对这些列侯的权力做了适当的限制。分封之后，列侯虽有侯国，但却无治民之权。侯爵府一般都在京城。侯国设相，其相职和县令相同，由中央任免，归所在郡管辖。侯国相只对列侯负责每年所得租税。因此，列侯与侯国相以及封户的人身依附关系非常薄弱。刘邦这样做，既对功臣裂土分封的要求采取了必要的妥协，政治上给其名位，同时又不授予实权，且实行一定的限制，从而稳定了新王朝的统治秩序，避免了侯国封邑成为封君独霸一方的领地。历史表明，刘邦这一时期的分封举措，不仅不是倒退政策，反而是针对客观现实情况需要而采取的有益、有效的措施。它有助于团结各种力量，稳固新的统一政权，从而为新政权的建设和皇权的加强赢得了时间。

刘邦第三阶段的分封是在铲除异姓王的同时，分封同姓王，目的是用分封维护刘氏王朝家天下的统一。刘邦从称帝一直到他去世（公元前202年至前195年），不断削弱异姓诸侯王势力，初封的八个异姓诸王被铲除掉七个，暂时解除了心头之患。刘邦在铲除异姓王的同时，又大封同姓王，先后分封的荆王刘贾、楚王刘交等十一个同姓诸侯王，统辖异姓王故地，并杀白马为盟，立誓："非刘氏而王者，若无功，上所不置而侯者，天下共诛之。"[1]刘邦并没有忘记西周分封所导致春秋战国战乱纷争的历史教训，所以在分封同姓王时，没有完全效法西周封建制。首先，刘邦对同姓王的分封只是局部分封，所封的十一个王的辖区，仅限于原来异姓王的故

---

① 司马迁撰：《史记》卷17《汉兴以来诸侯王年表》，第801页。

地，中央政府所辖的中心地区和重要地区并没有分封。另外，在实行分封的同时，仍然重点推行郡县制。这样全国的行政区划就形成为一种郡县制占主导地位的郡国并行制。这既尊重了历史的惯性，同时也对诸侯王势力起到了抑制作用。[1] 历史证明，实行分封与郡县双轨制度，确实是刘邦治国理政的成功实践。刘邦的分封实际上不过是袭取了西周分封制的外壳，从根本制度上，他还是继承了秦帝国的郡县官僚制度，这对中国后世政治体制的发展，无疑起到了决定性的影响。

二、总结亡秦教训，成功实现治国理念的转型

汉帝国是在秦王朝的废墟上建立起来的。汉高祖刘邦从公元前 209 年起兵反秦，公元前 202 年称帝，公元前 195 年离开人世，活了 62 岁，实际参政 14 年。在这短短的 14 年中，他沛县起兵加入反秦战争，结束秦王朝统治，与项羽楚汉相争，登上皇帝宝座，剪除一个个异姓王，每一事件都给史家提供了丰厚的素材，在中国历史上留下了一个大大的惊叹号。这是戎马倥偬的 14 年，这是风云变幻的 14 年，更是惊心动魄的 14 年。如果从公元前 202 年刘邦登上皇位算作他开始正

---

[1]　曹家齐:《刘邦分封与西汉统一政权的建立和巩固》,《徐州师范学院学报》(哲学社会科学版)1993 年第 1 期。

式治理国家的话，他在位仅 7 年。也就是说，在他实际参政的 14 年中，前七年戎马倥偬，奋斗的目标是夺取政权，建立国家，一统天下。而夺取政权后，从公元前 202 年起，则面临着要转变治国理政思路，确立治国理念的新问题，也就是要将治理国家的中心从打天下转移到巩固政权、恢复经济与社会秩序上面来。在这种情况下，确立何种思想作为统一政权的意识形态，就不可避免地摆到了汉初君臣的面前，需要他们作出正确的判断与选择。

从史料上看，刘邦本人对这个转变，思想上相对准备不足。十几年的征战生涯，无数次大大小小攻城掠地的战绩，一个又一个战争对手和政治敌手的灰飞烟灭，不能不使他坚信"马上得天下"、一切都要凭实力说话的道理。作为一个深谋远虑的政治家，刘邦的雄才大略更多的是一种政治家的务实态度和统治艺术，用什么人，采纳何种理论都要服务于夺取天下这个最大的政治目的，符合这个目的的就毫不犹豫地采用，而有碍于实现这个目的的策略则遭到他毫不留情的遗弃。

据《史记》《汉书》等史料记载，登上皇帝的宝座后，刘邦也经常在反思秦失天下、自己之所以得天下的原因，将自己成功的原因归结为正确用人，这确实看到了问题的关键所在。刘邦手下很多为他夺取天下建立汗马功劳的出色的谋略家和军事家，除了张良出身于韩国的世家，其余大都出身低微，萧何、曹参是沛县吏、掾，韩信是无业游民，郦食其是乡里守门者，樊哙以屠狗为事，夏侯婴为沛厩司御，周勃以织苇席为生，灌婴以贩缯为业。从中可见，他所使用的人都是为了实现夺取政权的政治目的服务的，多是出于功利的考虑，而不论其出身。由此也不难看出，刘邦政治集团中的重要人物多为草莽行伍出身，正如司马迁说："自汉兴至孝文二十余年，会天下初定，将相公卿皆军吏。"[①] 班固也说："孝惠、高后时，公卿皆武力功臣。"[②]

由此看来，汉初刘邦不用儒者，没有将儒学纳入治理国家的通盘考虑中也是自然。刘邦不好儒天下皆知，以至郦食其前去求见时不敢说明自己的身份。他曾经把儒者的帽子拿来当溺器，动辄大骂儒生。他骂说客郦食其是"竖儒"[③]，讨厌叔孙通身穿儒服。所以，当新王朝建立之初，陆贾给他讲儒家的《诗》《书》时，难怪他会大为光火，可当陆贾给他继续分析"马上得之"与"马上治之"的不同，并著《新语》十二篇呈送给他之后，刘邦对陆贾、儒学和儒生的态度就发生了微妙的变化。

（1）刘邦起用儒生叔孙通制定朝仪，使诸侯群臣尊卑有别，进退有序。据《史记·叔孙通列传》记载，刘邦做了皇帝以后，他的功臣们经常"饮酒争功，醉或妄呼，拔剑击柱"，这令刘邦感到很是恼火。儒生叔孙通趁机向刘邦进言，

---

① 司马迁撰：《史记》卷96《张丞相列传》，第2681页。
② 班固著：《汉书》卷88《儒林传》，第3592页。
③ 司马迁撰：《史记》卷97《郦生陆贾列传》，第2692页。

"愿征鲁诸生，与臣弟子共起朝仪"①。史载：

> 汉七年，长乐宫成，诸侯群臣皆朝十月。仪：先平明，谒者治礼，引以次入殿门，廷中陈车骑步卒卫官，设兵张旗志。传言"趋"。殿下郎中侠陛，陛数百人。功臣列侯诸将军军吏以次陈西方，东向；文官丞相以下陈东方，西向。大行设九宾，胪传。于是皇帝辇出房，百官执职传警，引诸侯王以下至吏六百石以次奉贺。自诸侯王以下莫不振恐肃敬。至礼毕，复置法酒。诸侍坐殿上皆伏抑首，以尊卑次起上寿。觞九行，谒者言"罢酒"。御史执法举不如仪者辄引去。竟朝置酒，无敢欢哗失礼者。②

叔孙通制定了一套能显示出帝王之尊的朝仪，令刘邦感受到了作为皇帝的权威与尊严，叹"今日始知为皇帝之贵也"③，于是将叔孙通擢升为太常，赏五百金。刘邦对儒者态度的改变，表明他认识到了儒学虽"难与进取"，但"可与守成"的功用。

（2）任用儒者为太子太傅。"汉九年，高帝徙叔孙通为太子太傅。"④此事表明，刘邦将培养汉室接班人的重任交给了儒者。

---

① 司马迁撰：《史记》卷99《刘敬叔孙通列传》，第2722页。
② 司马迁撰：《史记》卷99《刘敬叔孙通列传》，第2723页。
③ 司马迁撰：《史记》卷99《刘敬叔孙通列传》，第2723页。
④ 司马迁撰：《史记》卷99《刘敬叔孙通列传》，第2724页。

（3）刘邦晚年曾写《手敕太子》的诏书，追悔自己对儒学的态度。"吾遭乱世，当秦禁学，自喜，谓读书无益。洎践祚以来，时方省书，乃使人知作者之意。追思昔所行，多不是。"①

（4）礼遇儒家创始人孔子。"汉十二年，过鲁，以大牢祠孔子。"②

尽管刘邦在位七年就离开了人世，尽管在这七年中尚未立稳脚跟的新兴的汉政权的当务之急是要——剪除所封的异姓王，即"尚有干戈，平定四海，亦未暇遑庠序之事"③，尽管刘邦转而对儒学的青睐更多的是出于实用功利的考虑，但从历史事实来看，刘邦对儒学的态度确实发生了一些实质性的变化。虽然刘邦之后的文景时代直至武帝之前的几十年汉朝官方奉行的指导思想是黄老之术，但这并不意味着儒学在汉初销声匿迹；相反，它正在蓄势待发。到汉武帝时儒学能够确立起独尊的地位，应该说是与汉帝国开创者刘邦对儒学态度的转变是有重大关系的。④

---

① 　（明）梅鼎祚编：《两汉文纪》，转引自徐复观：《两汉思想史》第2卷，华东师范大学出版社2001年版，第65页。

② 　班固著：《汉书》卷1《高帝纪》，第76页。

③ 　司马迁撰：《史记》卷121《儒林列传》，第3117页。

④ 　关健英著：《先秦秦汉德治法治关系思想研究》，人民出版社2011年版，第156—159页。

三、与民休息，采用黄老之术治国

西汉王朝建立之初，由于长期的战乱，国家贫弱，民力困乏。皇帝乘车，甚至不能找到同一种毛色的四匹马，将相们有的只能乘坐牛车。汉初君臣们多起自社会中下层，他们熟知民间疾苦，为顺应民众的要求，这就需要采取宽松的政策来治理社会，黄老之术于是顺理成章地登上了国家的政治舞台。刘邦在建立汉帝国后，认真汲取了秦王朝迅速灭亡的历史教训，顺应当时的政治形势和民心所向，采取与秦政权严法苛刑政策相反的治国方略，用黄老之策，与民休息，休养生息，宽刑薄赋，还利于民，依法治国，安定社会，从而迎来了"文景之治"，奠定了汉代数百年江山的统治基础。

黄老思想是战国时期一批名士假托黄老之言，以老子道家学说为主旨，同时兼采儒、法、名、墨众家之长而形成的一套颇具特色的治国理论体系。无为而治是黄老思想最根本的特点。黄老思想形成于战国时期，盛行于秦汉之际，对西汉初年的统治者的治国理政产生了重大而深刻的影响。

作为汉代的开国领袖，刘邦是汉代黄老之学的首推者，他的治国实践见证了黄老思想在汉初如何走向官方意识形态，并逐步发挥作用的全部过程。

王充说："黄者，黄帝也，老者，老子也。黄老之操，身临其境恬淡，其治无为。"①刘向在《列子新书目录》中也言：
"列子者……其学本于黄帝老子，号曰道家。道家者，秉要
执本，清虚无为，及其治身接物，务崇不竞。"秦汉时期黄老
思想或称黄老，或曰道家，其实为一。它渊源于老庄之学，
以道为本，以"无为"为思想内核，无为而治构成其基本的
政治主张。但是，"其为术也，因阴阳之大顺，采儒墨之善，
撮名法之要，与时迁移，应物变化"②，经过战国、秦、汉三
代的不断完善，黄老思想的"无为而治"较之老庄之义已经
有了很大的发展和变化。其要点可以表述为：

（1）清静无为。清静无为是黄老无为而治思想的核心。
《新语·无为》说："夫道莫大于无为，行莫若无忧民之心，
则天下治。"③不干涉主义成为黄老思想最基本的治国和处世
原则，但是，此种不干涉主义并不等于传统道家的"道法自
然"。黄老思想的清静无为，其最终目的是因势利导下的无所
不为，最终目的还是在有为。

（2）任性当分。"任性当分"是黄老思想最根本的政治
理想，是奉行清静无为原则的必然结果。关于任性当分的理
想境界，汉初黄老思想的代表人物陆贾在《新语》中曾有过
比较完整的勾勒。他说："是以君子之为治也，块然若无事，

---

① 王充：《论衡》卷18，上海人民出版社1974年版，第280页。
② 司马迁撰：《史记》卷130《太史公自序》，第3289页。
③ 陆贾著：《新语》；王利器撰：《新语校注》，中华书局1986年版，第59页。

寂然若无声，官府若无吏，亭落若无民，闾里不讼于巷，老幼不愁于庭；近者无所议，远者无所听；邮夜无夜行之吏，乡闾无夜召之征，犬不夜吠，乌不夜鸣；老者息于堂，丁壮者耕耘于田，在朝者忠于君，在家者孝于亲。于是赏善罚恶而润色之，兴辟雍庠序而教诲之。然后贤愚并议，廉鄙异科，长幼异节；上下有差，强弱相扶，大小相怀，尊卑相承，雁行相随。不言而信，不怒而威，岂恃坚甲利兵，深刑刻法，朝夕切切而后行哉！ [①]"这是对老子"小国寡民"理想社会和庄子"至德之世"的进一步补充与发展，是对传统道家无为而治思想的重大突破。

（3）德法并举。对于德与法，老庄基本持否定态度。而黄老思想则不然。它反其道而行之，将"无为之治"直接建构于德和法的基础之上，并就此在政治上形成了一套相对完整的德、法理论体系。就法治而言，黄老思想认为，"道生法。法者，引得失以绳，而明曲直者殴。故执道者，生法而弗敢犯殴。法立而弗敢废（也），（故）能自引以绳，然后见知天下，而不惑矣。""故执道者之观于天下殴，无执殴，无处殴，无为殴，无私殴。是故天下有事，无不自为刑名声号矣。刑名已立、声号已建，则无所逃迹匿正矣。" [②]法由道所生，它的功能是明是非曲直。有了法，就可以立刑名，建

---

①　陆贾著：《新语》；王利器撰：《新语校注》，第118页。

②　陈鼓应注译：《皇帝四经注今译》，中华书局2016年版，第48、56页。

声号，也就容易达到"无为""无私""无执""无处"的境界。就德治而言，黄老思想肯定了道家"失道而后德，失德而后仁，失仁而后义，失义而后礼"①的基本主张，但也提出"仁者道之纪，义者圣之学"，"谋事不并仁义者后必败"的著名观点。陆贾认为："是以君子握道而治，据德而行，席仁而立，杖义而强，虚无寂寞，通动无量。"②在治理国家的过程中，符合自然无为原则的仁义德化也是必须的。由此可见，以无为而治为核心的黄老思想虽脱胎于老庄，但又超越于老庄。它以道为本，但又儒法兼具。然而，正是这种思想特质，使黄老思想契合了汉初社会、政治、经济、文化的治道以及统治者的个人需要，在西汉初年走到了历史的前台。

首先，黄老之术适应了汉初"天下初定"时改变贫弱经济状况的客观需要。经过秦末农民战争和楚汉战争破坏后建立起来的汉帝国政权，人口锐减，土地荒芜，民生凋敝。当时，统治者是"天子不能具钧驷，而将相或乘牛车"③。普通民众的生活更是艰难。"君臣俱欲休息无为"在当时既属必然，又属明智。

其次，黄老之术成为秦王朝以法治国失败的反正。汉帝国是建立在秦王朝的废墟之上的。汉初统治者为避免重蹈覆辙，

---

① 沙少海、徐子宏译注：《老子全译》，贵州人民出版社1989年版，第73页。
② 陆贾著：《新语》；王利器撰：《新语校注》，第30、34、28页。
③ 司马迁撰：《史记》卷30《平准书》，第1417页。

曾再三对秦亡汉兴的原因进行反思。他们认为，事愈烦而天下愈乱，法愈滋而奸愈炽，兵马益设而敌人愈多，秦亡的原因在于举措暴众和用刑太极。因此，秦王朝严刑峻法的失败教训要求汉初统治者对黄老的无为而治之术给予更多的关注。

再次，它契合了汉初统治集团的文化传统。黄老思想贯通道、儒、法，"指约而易操"，是一套开放、简约、务实而灵活的思想体系。这容易为出身行伍的刘邦君臣所接受。

刘邦君臣采用黄老无为而治的国策，在汉初国家治理上取得了明显的效果。

在政治管理方面：

第一，君佚臣劳，分任责成。"人主之术，处无为之事，而行不言之教。清静而不动，一度而不摇，因循而任下，责成而不劳。"[①]君佚臣劳，分任责成是黄老思想基本的执政观。刘邦深谙此道，他先后提出"功人"和"功狗"的概念。据《史记·萧相国世家》记载："汉五年，既杀项羽，定天下，论功行封……高祖以萧何功最盛……功臣皆曰：'臣等身被坚执锐，多者百余战，少者数十合，攻城略地，大小各有差。今萧何未尝有汗马之劳，徒持文墨议论，不战，顾反居臣等上，何也？'高帝曰：'诸君知猎乎？'……夫猎，追杀兽兔者狗也，而发踪指示兽处者人也。今诸君徒能走兽耳，功狗

---

① 刘向撰：《淮南子》；刘文典撰：《淮南鸿烈集解》，中华书局1997年版，第269页。

也。至如萧何，发踪指示，功人也。'"① 刘邦此处所言涉及的虽是众臣之间的关系，但他揭示的却是领导与被领导者的关系。泛化开来，无疑与黄老道家"君无为而臣有为"的理论有着极大的相通之处。

　　第二，重申纲纪，去苛以宽。"无为"是"道"的应用，是指在制度法律已备的情况下，君王"垂拱而治"。刘邦对此了然于胸。早在其西入咸阳时，就"召诸县父老豪杰曰：父老苦秦苛法久矣，诽谤者族，偶语者弃市……与父老约法三章耳：杀人者死，伤人及盗抵罪。余悉除去秦法"②。一统天下后，又因"四夷未附，兵革未息，三章之法不足以御奸"，而令萧何"捃摭秦法，取其宜于时者，作律九章"③，同时命"韩信申军法，张苍定章程，叔孙通制礼仪"，加强各项制度建设。④

　　第三，一承秦旧，巧施分封。为保持政权稳定，在行政建制方面，刘邦"一承秦旧"。从中央到地方郡、县、乡、亭各级组织基本上保持了秦代旧貌，而未对中央集权的本质做丝毫的改变，但是在具体的管理方式上他却做了相当大的调整。他大封功臣、兄弟、子侄让他们分赴各地为王，实行郡县制与分封制并存的行政体制，以收"屏障王室"的功效。

---

　　① 司马迁撰：《史记》卷53《萧相国世家》，第2015页。
　　② 司马迁撰：《史记》卷8《高祖本纪》，第362页。
　　③ 班固著：《汉书》卷23《刑法志》，第1096页。
　　④ 班固著：《汉书》卷1《高帝纪》，第81页。

在经济发展方面，在黄老无为而治思想的指导下，刘邦也推行了一系列休养生息的改革措施。

第一，崇俭禁奢。为防止过分地掠民、扰民，刘邦从适欲开始，提出要崇俭禁奢，量入为出，减少不必要的开支，尽量减轻民众的负担。

第二，轻徭薄赋。为恢复和发展农业生产，刘邦轻徭薄赋，放宽政策。建国伊始，他便实施"轻田赋"，"什伍而税一"等政策，同时对新开垦的田地在头几年给予完全免赋的优待。这种轻徭薄赋政策在中国历史上是少见的。

第三，"驱民而归之农。"农业繁荣是传统国民经济发展的基础。为发展农业生产改善百姓的生存状况，刘邦把"重本抑末"作为发展经济的基本国策，强调农业为"天下之本"，并采取了一系列"驱民而使之农"的具体措施，这对巩固汉初政权、稳定社会秩序起到了很好的作用。

四、审时度势，依法治国

汉初，汉高祖刘邦重视总结秦政得失，委托萧何制订法律，在国家治理上开始向以法治国转变。

萧何，沛郡丰县人，随刘邦起事夺取天下，因其"镇国家，抚百姓"之功，在汉兴功臣中排序第一，被封为酂侯，封地在今天的永城市酂城镇。作为汉初第一任丞相，萧何在辅佐刘邦巩固汉帝国政权、治理国家方面作出了巨大贡献，尤其是在稳定汉初社会，制定国家法律等方面的贡献最大。萧何在刘邦提出"约法三章"的基础上为适应国家长期法制建设的需要，为汉王朝制定《九章律》。《九章律》是萧何在《秦法经》的基础上，修订增补而成的，既保留了历史上治国约民的积极成分，又剔除了暴秦残酷罪民的部分，对于巩固汉政权，稳定汉初社会，起到了极大的作用。《九章律》不但通行两汉四百年，对两汉的政治、经济、文化的发展起到了保障作用，而且还起到了承上启下、为后代统治者以法作则的重要作用。说它承上，是因为《九章律》是在前代的基础上，由李悝的《法经》和《秦法经》修订增补而成；说它启下，汉代以后，三国两晋南北朝隋唐的法制建设，其基本内容都是取自汉律，影响甚至延及明清时期。因此，汉代《九章律》可称得上是中国历史上法律文化的代表和依法治国的范本。①

五、结　论

针对汉初民生疾苦、经济凋敝的社会现实，汉高祖刘邦实行清静无为与民休息的治国方针，在政治、经济和社会治理等

---

① 朱继彪著:《汉兴时期高祖刘邦的治国理政方略》,《行政科学论坛》2015年第6期。

方面均取得了显著成就。主要表现在：第一，政治安定。在皇帝与封国、皇族与豪族、农民和地主、中央与地方关系等问题上，刘邦采取了一系列行之有效的政策和措施，使其得到了妥善的解决，西汉政权由此从动荡走向稳固和强大。第二，经济繁荣。经过刘邦及其后继者的努力，随后几十年的经济发展使汉帝国迎来了全面的繁荣。据《汉书·食货志》记载："至武帝之初七十年间，国家无事，非遇水旱，则民给家足，都鄙廪庾尽满，而府库余财，京师之钱累钜万，贯朽而不可较，太仓之粟陈陈相因，充溢暴积于外，腐败不可食。"① 第三，百姓安居乐业，社会矛盾缓和。在国家富强的同时，民众生活也逐渐富裕起来。经过汉高祖及其继承者的治理，汉帝国已经呈现出"百姓无内外之徭，得息肩于田亩，天下殷富，粟至十余钱，鸣鸡吠狗，烟火万里，可谓和乐者乎"② 的繁荣太平之世的景象。

综括而言，刘邦治国成就主要表现在拨乱反正、汉承秦制、与民休息等方面。在西汉初期，他一方面以文治礼仪理顺朝政，另一方面又根据前朝得失制定法律，依法治国，使汉初社会逐步走上了稳定、有序、繁荣发展的道路。作为中国历史上著名的政治家，汉高祖刘邦为巩固国家政权而实现的治理转型，采取儒、法、黄老兼治与民休息的方略，为汉

---

① 班固著：《汉书》卷24《食货志》，第1135页。
② 司马迁撰：《史记》卷25《律书》，第1242页。

帝国的兴盛作出了极大贡献。汉初的政治体制和经济制度为后世历代统治者所沿用。从传承历史文化角度来看，对当今国家治理思想和治理能力的现代化建设亦具有一定的启迪意义。在实现从马上打天下到马下治天下的转型过程中，汉高祖刘邦显示出了其独具魅力的治理能力与领导能力。这笔宝贵财富，值得我们认真汲取和深入研究。

附　录

一、主要参考书目

（宋）司马光编撰：《资治通鉴》，中华书局1956年校点本。

（东汉）班固撰：《汉书》，中华书局1962年校点本。

（西汉）司马迁撰：《史记》，中华书局1982年校点本。

吕思勉著：《秦汉史》，上海古籍出版社1982年版。

林剑鸣著：《秦汉史》，上海人民出版社2003年版。

田昌五、安作璋著：《秦汉史》，人民出版社1993年版。

白寿彝主编：《中国通史》第四卷（中古时代·秦汉时期），上海人民出版社1995年版。

甘黎明、刘新光著：《宏基初奠：秦汉改革及其因果成败》，南京大学出版社2000年版。

唐燮军、翁公羽著：《从分治到集权——西汉的王国问题及其解决》，浙江大学出版社2012年版。

戚文、陈宁宁著：《两汉人物论》，上海东方出版中心2013年版。

王子今著：《秦汉史：帝国的成立》，中信出版社2017年版。

安作璋、熊铁基著：《秦汉官制史稿》，齐鲁书社1984年版。

卜宪群著：《秦汉的官僚制度》，社会科学文献出版社2002年版。

［英］崔瑞德、鲁惟一编撰：《剑桥中国秦汉史》，中国社会科学出版社2006年版。

高敏著：《秦汉文化探讨》，中州古籍出版社1998年版。

葛剑雄著：《泱泱汉风》，长春出版社1997年版。

葛剑雄著：《西汉人口地理》，人民出版社1986年版。

葛志毅著：《先秦两汉的制度与文化》，黑龙江教育出版社1998年版。

韩星著：《儒法整合，秦汉政治与文化论》，中国社会科学出版社2005年版。

何兹全著：《秦汉史略》，上海人民出版社1955年版。

黄今言著：《秦汉经济史论考》，中国社会科学出版社2000年版。

黄留珠著：《秦汉仕进制度》，西北大学出版社1985年版。

纪庸编著：《汉代对匈奴的防御战争》，上海新知识出版社1955年版。

金春峰著：《汉代思想史》，中国社会科学出版社2006年版。

（汉）陆贾：《新语校注》，王利器校注，中华书局1986年版。

李开元著：《汉帝国的建立与刘邦集团——军功受益阶层研究》，生活·读书·新知三联书店2000年版。

林剑鸣著：《秦汉社会文明》，上海人民出版社1989年版。

刘泽华著：《中国传统政治思维》，吉林教育出版社1991年版。

刘泽华著：《专制权力与中国社会》，天津古籍出版社2005年版。

孟祥才著：《先秦两汉史论》，山东大学出版社2001年版。

孟祥才著：《中国政治制度通史》（秦汉卷），人民出版社1996年版。

钱穆著：《秦汉史》，生活·读书·新知三联书店2005年版。

齐涛主编、王子今著：《中国政治通史》第三卷，走向大一统的秦汉政治，泰山出版社2003年版。

苏俊良著：《汉朝的典章制度》，长春出版社2001年版。

孙家洲著：《两汉政治文化窥要》，中国人民大学出版社2001年版。

田昌五、安作璋著：《秦汉史》，人民出版社1992年版。

（汉）王充著：《论衡》，中华书局1988年版。

（清）王先谦著：《汉书补注》，中华书局1983年版。

王柏中著：《两汉国家祭祀制度研究》，民族出版社2005年版。

吴荣曾著：《先秦两汉史研究》，中华书局 1995 年版。

徐复观著：《两汉思想史》，华东师范大学出版社 2001 年版。

（宋）徐天麟著：《西汉会要》，上海人民出版社 1976 年版。

（汉）荀悦著：《汉记》，台湾商务印书馆 1984 年影印本。

（清）严可均辑：《全汉文》，商务印书馆 1999 年点校本。

杨翼骧编著：《秦汉史纲要》，新知识出版社 1956 年版。

杨师群著：《东周秦汉社会转型研究》，上海古籍出版社 2003 年版。

张传玺：《秦汉问题研究》，北京大学出版社 1983 年版。

张分田：《中国的帝王观念》，中国人民大学出版社 2004 年版。

曾延伟著：《两汉社会经济发展史初探》，中国社会科学出版社 1989 年版。

周桂钿著：《秦汉思想史》，河北人民出版社 2000 年版。

周远廉著：《中国封建王朝兴亡史》（秦汉卷），广西人民出版社 1996 年版。

祝瑞开主编：《秦汉文化和华夏传统》，学林出版社 1993 年版。

二、汉高祖行政大事记

汉王刘邦元年（公元前206年），51岁

十月，刘邦大军至霸上，秦王子婴降，秦亡。十一月，刘邦与秦人约法三章，悉除秦苛法。十二月，项籍率诸侯之军至鸿门。继入咸阳，杀子婴，焚宫室，收宝货妇女东还。正月，项籍自立为西楚霸王；并分封刘邦为汉王，章邯为雍王，司马欣为塞王，董翳为翟王，申阳为河南王，司马卬为殷王，英布为九江王，吴芮为长沙王，共敖为临江王，田安为济北王；又徙魏王魏豹为西魏王；徙赵王赵歇为代王，以张耳为常山王；徙燕王韩广为辽东王，以臧荼为燕王；徙齐王田市为胶东王，以田都为齐王；韩王韩成仍旧封。四月，罢征秦之兵，诸王各就国。五月，田荣拒齐王田都，杀胶东王田市，自立为齐王；七月又击杀济北王田安，并其地。项籍废韩王韩成，又杀之；以郑昌为韩王。八月，汉王刘邦袭定雍、塞、翟等地，遣兵出武关，东略地。燕王臧荼击杀辽东王韩广，并其地。赵佗自立为南越武王。

汉王刘邦二年（公元前205年），52岁

十月，项籍使人杀义帝于江。陈余约齐袭逐常山王张耳，耳奔汉；余迎代王赵歇复为赵王，歇以余为代王。汉王刘邦出关，河南王申阳降。邦使韩襄王孙信击降韩王郑昌，即以信为韩王。正月，项籍击齐王田荣，荣走死。籍复立田假为齐王，

大掠齐地，齐人纷纷反抗。三月，刘邦迫降西魏王魏豹，俘殷王司马卬，进攻项籍。四月，田横逐齐王田假，立田广为齐王。刘邦率诸侯兵攻楚，大败于彭城，诸侯多背汉，魏豹托辞归，绝河津附于楚。五月，刘邦至荥阳，与楚相持。关中大饥，人相食。楚汉相距之际，田荒谷贵，宣曲任氏窖藏米粟，贵卖致巨富。九月，刘邦使韩信击虏魏豹；后九月，韩信击定代地。

汉王刘邦三年（公元前204年），53岁

十月，韩信大破赵兵，虏赵歇。十一月，九江王英布附于汉。四月，楚围刘邦于荥阳。五月，邦使韩王信等守荥阳，自与数十骑逃至成皋。六月，项籍陷荥阳，俘韩王信，进围成皋，拔之。刘邦逃，派兵扼击，使楚不得西进。项籍分兵守成皋，自引大军东击彭越。九月，刘邦遣郦食其说齐，齐附于汉，撤守备。

汉王刘邦四年（公元前203年），54岁

十月，韩信袭齐，陷临淄。齐王田广烹郦食其，东走。楚遣兵救齐，十一月，韩信大破齐楚军，俘田广。田横立为齐王，不久败逃，齐地尽为韩信所有。刘邦破楚军，复取成皋，屯广武，与楚相持。汉立张耳为赵王。二月，汉立韩信为齐王。七月，汉立英布为淮南王。八月，北貉、燕人以骑兵助汉。汉初定算赋。项羽与刘邦约中分天下，以鸿沟为界，东属楚，西属汉。九月，项籍引兵还。

汉高帝刘邦五年（公元前202年），55岁

十月，刘邦背约，追击项籍。十二月，项籍被围垓下，突围走乌江，自刎死。正月，徙齐王韩信为楚王，立彭越为梁王。二月，刘邦即皇帝位于汜水之阳，是为汉太祖高皇帝。徙衡山王吴芮为长沙王，立故越王无诸为闽越王。五月，兵皆罢归家。诏民之保聚山泽者还乡复故爵田宅，爵及七大夫以上皆令食邑，以下皆免本身征役及户赋。用娄敬言，西都关中：七月，燕王臧荼起兵，九月，败，被俘。立卢绾为燕王。

汉高帝刘邦六年（公元前201年），56岁

十二月，黜楚王韩信为淮阴侯。大封功臣。正月，大封同姓。徙韩王信封地于太原。九月，韩王信降匈奴。匈奴冒顿单于侵太原，至晋阳。叔孙通定朝仪成。

汉高帝刘邦七年（公元前200年），57岁

十月，长乐宫成，始用朝仪。刘邦自将击韩王信，信败走匈奴。曼丘臣等立赵利为王，结韩王信及匈奴攻汉。刘邦追匈奴兵至平成，被围七日。十二月，匈奴攻代。二月，始迁都长安。

汉高帝刘邦八年（公元前199年），58岁

十月，高帝击韩王信残部于东垣。三月，令贾人不得衣锦绣绮縠絺纻罽、操兵、乘马。

汉高帝刘邦九年（公元前 198 年），59 岁

冬，使人往匈奴结和亲。十一月，徙齐、楚大族及豪杰于关中，凡十余万口。正月，黜赵王张敖为宣平侯。

汉高帝刘邦十年（公元前 197 年），60 岁

九月，代相陈豨结匈奴自立为代王，刘邦自将击之。

汉高帝刘邦十一年（公元前 196 年），61 岁

冬，陈豨败。正月，杀韩信，夷三族。三月，杀彭越，夷三族。五月，立赵佗为南越王。七月，英布起兵反汉，刘邦自将击之。

汉高帝刘邦十二年（公元前 195 年），62 岁

十月，英布败死。高祖还归，过沛，自为歌诗曰："大风起兮云飞扬，威加海内兮归故乡，安得猛士兮守四方！"二月，使樊哙击卢绾，绾逃亡入匈奴。立越后南武侯织为南海王。四月，刘邦去世，皇太子盈嗣位，是为孝惠皇帝。